Своими книгами я обязан тем, кто мешали мне жить, –
двум кэгэбэ: один – там, второй – здесь.
His books I owe to those who bother me – two KGB:
one – there, the second – here.

КГБ – это убийства, если одним словом. (М.Б.)
KGB – a murder, if in one word. (M.B.)

Михаэль Бабель

ПРЕРЕКАНИЯ 1

Иерусалим

2012

Михаэль Бабель. Пререкания 1

П. я. 23229, Иерусалим, 91231

Michael Babel. Wrangle 1

P.O.B. 23229, Jerusalem, 91231

ПРЕРЕКАНИЕ – 1

Краткая история Государства Израиль.

Евреи-мечтатели собирались в стране своей мечты, среди них были евреи-мечтатели правильные и евреи-мечтатели неправильные. И евреи-мечтатели правильные отстреливали евреев-мечтателей неправильных.

Евреи-мечтатели выращивали сады в пустыне и на болотах в стране своей мечты. И евреи-мечтатели правильные отстреливали евреев-мечтателей неправильных.

Евреи-мечтатели защищали от врагов страну своей мечты. И евреи-мечтатели правильные отстреливали евреев-мечтателей неправильных.

Евреи-мечтатели работали, воевали, умирали за страну своей мечты. И евреи-мечтатели правильные отстреливали евреев-мечтателей неправильных.

Евреи-мечтатели умерли и отстреляны в стране своей мечты.

Евреи-мечтатели передали своим детям страну своей мечты, но не мечту о стране своей мечты. И евреи правильные отстреливают евреев неправильных.

ПРЕРЕКАНИЕ – 2

Плачьте, евреи!

Плачьте, евреи, об убитых евреях!

Такой огромной школы коммунизма не было ни в одном большевистском государстве – сотни большевистских киббуцов и полубольшевистских мошавов. Процент от населения государства в киббуцах небольшой, но через киббуцы прошло людей в несколько раз больше этого процента. И процент стал большим. В этих людях сила большевистской власти, которой не было у большевиков других государств.

Плачьте, евреи!

В этом государстве большевики везде.

Это их государство.

Большевики держат бразды правления своим большевистским государством.

Большевики давят на рычаги влияния во всех сферах своего большевистского государства.

Аттестат зрелости большевистского воспитания – входной билет на лучшие и важные должности в их государстве.

Плачьте, евреи!

Большевики – партия победителей.

Большевики – правящая партия.

Единственная.

Постоянная.

Бессменная.

Массовая.

Без членских билетов.

Без райкомов, горкомов, обкомов.

Самая совершенная форма управления большевистским государством.

Плачьте, евреи!

Победа большевиков полная и бесспорная.

К большевикам присоединились даже дети убитых и изничтоженных противников большевиков.

Они не хотят быть убитыми и изничтоженными.

Они хотят большевистских привилегий, когда все равны, а большевики равнее.

Плачьте, евреи!

А остальным нечего выбирать между большевиками слева и большевиками справа.

Нет другой жизни, как под большевиками.

Плачьте, евреи!

Большевистская армия под большевистским командованием – самая большая в мире, для маленького государства и в невоенное время. В такое время армия не для защиты государства от внешнего врага, а для защиты большевистской власти от внутреннего врага.

Вершина пирамиды защиты большевистской власти – сотня киббуцных подразделений, вооружённых до зубов несчётным оружием.

Плачьте, евреи!

Большевики – единственная сила.

Большевики не переносят рядом с собой никого и уничтожают любую другую силу.

В этом большевистском государстве всё небольшевистское было уничтожено только тихими убийствами.

Такой «ГУЛАГ» – патент кэгэбэшни.

Плачьте, евреи!

Из последних небольшевистских лидеров, убитых гулагом, – рав Меир Кахане, Ганди, Рафуль.

Из последних небольшевистских ростков лидеров, убитых гулагом, – рав Биньямин Кахане, Мордехай Лапид, Цафрир Ронен, Идо Зольдан, рав Меир Авшалом Хай, Ицхак Имас, рав Дан Мерцбах.

Об этом знают и молчат.

Боятся.

Никто не хочет быть против большевиков.

Убьют.

Плачьте, евреи!

Другой силы, противостоящей большевикам, уже не будет за неимением лидеров.

Большевистскую демократию осуществляют кролики, которых оставляют в живых быть лидерами.

Эти настоящие выборы происходят до игры кроликов в мандатики.

Но евреи ещё живы, и новые небольшевистские ростки лидеров будут прорастать.

И большевики будут убивать их вплоть до своего обвала.

...Остались хорошие мальчики и девочки на холмах Эрец Исраэль.

Плачьте, евреи, о евреях, которых ещё убьют!

Плачьте, евреи!

ПРЕРЕКАНИЕ – 3

Молитва Михаэля Бабеля.

Б-г! Я слышал от Учителя, рава Ицхока Иосефа Зильбера, как его отец, рав Бенцион Циюни, от которого он принял всю Тору, молился Тебе, Б-г, во время Второй мировой войны: «Б-г, Ты видишь, в какой нужде мы, что молимся Тебе, Б-г, за победу Сталина над Гитлером». Б-г, Ты видишь, в какой нужде мы, что я молюсь Тебе, Б-г, за победу покушающихся на меня и убивших тысячи лучших евреев. Пусть самолёты пройдут низко, не задев трубы одноэтажных домов, потом взмоют высоко вверх и выбросят приманку для мусульмано-советских ракет, и с большой высоты устремятся вниз на цели. И поразят их. И поспешат к матке, которая напоит их, чтобы хватило сил вернуться домой. Туда, где убивают евреев. А соколы эти готовы выполнять любые задания. Значит, и они могут убить евреев. Значит, и они могут убить меня. Вот в такой нужде мы, Б-г. Амен, Села.

ПРЕРЕКАНИЕ – 4

В той кэгэбэшне большевики для укрепления своей власти уничтожили, по самым скромным подсчётам, двадцать миллионов человек пулей и гулагом.

Из выживших свидетелей уничтожения, двести человек рассказали или написали книги о пережитом, то есть один рассказ или одна книга на сто тысяч уничтожаемых. Эта пропорция – один на сто тысяч – норма человеческой возможности. А двести рассказов или книг – это те двести раз влияния на человеческий мозг, чтобы информация вошла в мозг и закрепилась. Поэтому о том уничтожении известно всем.

В этой кэгэбэшне большевики для укрепления своей власти уничтожили сто тысяч человек – провокацией и израильским гулагом: «арабский» террор, дорожные катастрофы, тремпы и тремпиады, несчастные случаи, болезни, отравления, мафии, хулиганы, самоубийства, природные катастрофы, спид, случайные пули, утечка газа, падения из самолёта, из окна, с крыши, с балкона, случайные смерти – не счесть.

Из выживших свидетелей уничтожения в этой кэгэбэшне только двое написали книгу о пережитом – одну книгу на те же сто тысяч уничтожаемых, как в той кэгэбэшне. Та же норма человеческой возможности. Эта книга моя и Нехамы «С закрытыми глазами, или Неповиновение».

Но одной книги недостаточно, чтобы об этом уничтожении стало известно всем. Поэтому о нём не известно. И чтобы это стало известно, вошло в мозги и закрепилось, требуется ещё сто девяносто девять рассказов и книг многих выживших свидетелей уничтожения.

Но норма человеческой возможности уже выполнена на сто процентов.

И второй книги других выживших не будет.

ПРЕРЕКАНИЕ – 5

30.6.2008. Госконтролёру. Обсуждаемое: Многократные злоумышления против жизни Нехамы Беркинблит в период 1973-1976 годов и покушение на её ребёнка во время беременности в период 1975-1976 годов.

2.1.2007 я подал министру полиции материал об этих злоумышлениях и покушениях.

28.1.2007 в ответе министра (номер в полиции 00042876) было предложение подать данный материал в качестве жалобы в отделение полиции.

27.3.2007 в отделение полиции «Цион» я подал жалобу (дело 116447/2007).

Через год я обратился с жалобой к госконтролёру о бездействии полиции по жалобе № 116447/2007 от 27.3.2007.

Из ответа госконтролёра от 5.6.2008 я узнал, что уже 3.4.2007 полиция закрыла дело из-за «отсутствия состава преступления».

27.3.2007 – день подачи жалобы – не считается за рабочий день над жалобой.

28.3.2007 и 29.3.2007 – два первые дня после появления такой жалобы – обдумывают, как от неё избавиться.

30.3.2007 – шестой день недели, перед субботой – какой дурак в полиции работает в такой день, если это не убийство премьера Израиля?

31.3.2007 – святая суббота – сам Б-г не велел работать.

1.4.2007 – день между субботой и Песахом – даже в полиции делают «мост».

2.4.2007 – канун Песах – приготовления к праздничному столу даже у полиции.

3.4.2007 – праздник Песах – не «дела» закрывают, а открывают Агаду.

Как же полиция закрыла дело 3.4.2007?

Из ответа госконтролёра от 5.6.2008 я узнал, что полиция разрешает мне обжаловать её решение закрыть это дело.

Через год и три месяца после моей жалобы в полицию и немедленного её закрытия полицией, за праздничным столом в пасхальную ночь, – официальное сообщение о котором ещё не получено мной год и три месяца спустя и даже в это время тоже! – мне жаловаться этой полиции на эту полицию?

Прошу госконтролёра действовать в соответствии с параграфом 39(1) закона о государственном контролёре и проверить, что этот случай подпадает под «особую причину», что оправдывает проверку моей жалобы на злоумышления и покушение против матери и её ребёнка.

24.8.2008. Ответ госконтролёра.

Согласно параграфу 39(1) закона о государственном контролёре и после того, что не найдена особая причина, оправдывающая проверку вашей жалобы на решение полиции закрыть вашу жалобу, мы не можем проверять вашу жалобу.

ПРЕРЕКАНИЕ – 6

28.8.2008. Госконтролёру.

Обсуждаемое: Моя жалоба министру полиции от 2.1.2007 под № 42876 и жалоба от 1.7.2008 под № 46763/08 и ответы министра.

2.1.2007 я подал министру полиции жалобу о методичном убивании Нехамы Беркинблит в государстве Израиль в 1973-1976 годах и о покушении на её ребёнка в утробе матери. Материалом жалобы был один рассказ из нашей совместной с Беркинблит книги «С закрытыми глазами, или Неповиновение».

28.1.2007 министр ответил, в ответе есть такие слова: «Неясно, посланный вами рассказ действительно происходил или говорится о произведении литературно-фантастическом <...> Если вы хотите, чтобы вашим обращением занялись как жалобой в полиции, надо подать её официально в полицейское отделение жалобщику или жалобщице, относительно которых совершены уголовные преступления».

27.3.2007 я подал и такую жалобу в отделение полиции «Цион» (дело 116447/2007). Ею «занялись» в полиции за пасхальным столом. Об этом я узнал только от госконтролёра и только через год с лишним после весёлого пасхального седера в полиции за чтением «приключенческого» рассказа вместо агады.

1.7.2008 я подал министру ещё жалобу. Материалом к ней была наша совместная с Беркинблит книга «С закрытыми глазами, или Неповиновение». Эта жалоба не один рассказ, а тридцать три рассказа. И убитых и убиваемых много больше: та же Беркинблит и её ребёнок, я и убитый мой ребёнок в утробе моей жены, убитые лидеры идеи трансфера арабов – рав Меир Кахане, рав Биньямин Кахане, Гапди и другие.

23.7.2008 министр ответил: «В вашем письме темы, похожие на те, которые в вашем прежнем письме к министру внутренней безопасности от 2.1.2007. Вам ответили 28.1.2007 <...> Мне нечего добавить к сказанному в том письме». И приложен прежний, уже известный, ответ министра.

Как «занялись» в полиции моей жалобой мне известно. Известно это и министру. Поэтому он предлагает мне подать в полицию в качестве жалобы уже не только «фантастический» рассказ, а целую «фантастическую» книгу для дополнительного весёлого праздника в полиции.

И не только поэтому я не обращусь с жалобой в полицию, а следовательно, опять к министру полиции, но обращусь к государственному контролёру. А потому, что у меня и министра разное толкование литературно-исторического произведения: для меня оно – историческое, для него – фантастическое.

14.11.2003 в интервью газете «Последние известия», Ами Аялон, с 1996 года официально чекист номер один, а не официально даже не из высшей десятки убийц, сказал, что надо хладнокровно убивать «проблемных поселенцев», и пояснил: «Скажу это понятными словами. В жизни любого государства или народа есть более чем одна "Альталена". Политическое руководство государства Израиль уже принимало тяжёлые решения, когда было понятно, какая альтернатива, и политическое руководство в будущем должно будет принимать тяжёлые решения, когда альтернатива ясна».

Убивали «проблемных поселенцев» – Михаэля и Нехаму.

Убивали, «когда было понятно, какая альтернатива», захватившим власть большевикам: убитый рав Меир Кахане – альтернатива, убитый рав Биньямин Кахане – альтернатива, убитый Ганди – альтернатива, убитый Рафуль – альтернатива, покушение на Михаэля – альтернатива, покушение на Любимую – альтернатива, убийство нарождавшегося у неё – альтернатива, покушения на Нехаму – альтернатива, покушение на нарождавшегося у неё – альтернатива.

И ещё тысячи альтернатив.

«Политическое руководство государства Израиль» обстреляло «Альталену», потопило её и убило евреев, которые были на корабле и в воде, спасаясь вплавь.

«Альталена» не одна была, а много «альтален».

«Политическое руководство государства Израиль уже принимало тяжёлые решения» – убивать.

«Политическое руководство в будущем должно будет принимать тяжёлые решения, когда альтернатива ясна», – убивать.

А если «не будет» – станет «альтернативой». И будет убито.

Кем?

Какое «руководство» «в будущем должно будет принять тяжёлые решения» относительно «политического руководства государства Израиль», если оно «не будет»?

Или «руководство» не допустит, чтобы было такое «политическое руководство государства Израиль», которое не «будет». Не допустит с помощью убийств.

«Руководство», которое «должно будет», – это кэгэбэ государства Израиль.

Кэгэбэ – это убийства, если одним словом.

Убили всех лидеров идеи трансфера арабов.

Идее трансфера арабов есть только одна альтернатива – новый Освенцим.

Кого только не убили и кого только ещё не убьют!

А жалоба огромная. И вопросов тьма.

Сколько я ещё успею задать вопросов госконтролёру? Не смешно?

Как смешно обращаться к госконтролёру, у которого меньше полномочий, не по его вине, чем у автобусного контролёра.

Такой строилась эта кэгэбэшня – бесконтрольной.

Чтобы власть всегда была «наша».

6.10.2008. Ответ госконтролёра.

Как мы уже сообщили вам в письме от 24.8.2008 по параграфу 39(1) закона о государственном контролёре, мы не можем проверять вашу жалобу.

ПРЕРЕКАНИЕ – 7

11.2.2008. Госконтролёру. Копии: председатель кнессета, председатель законодательной комиссии кнессета, президент, премьер, генеральный прокурор, министр судов, министр полиции, министр здоровья, министр связи.

Обсуждаемое: Михаэль Бабель и Нехама Беркинблит, книга «С закрытыми глазами, или Неповиновение».

«Прошу принять этот материал в качестве жалобы против преступной власти кэгэбэ:

против руки кэгэбэ – полиция, подавляющая права человека;

против руки кэгэбэ – инквизиционная прокуратура;

против руки кэгэбэ – суд-Сдом;

против руки кэгэбэ – карательная медицина и карательная психиатрия;

против руки кэгэбэ – тоталитарные средства связи».

Почти все подтвердили получение книги-жалобы, кроме генпрокурора и министра полиции.

Министр связи подтвердил оригинально: «Ваше письмо с темой жалобы о строе кэгэбэ. Мы благодарим вас за ваше обращение, что обратили наше внимание на эту важную тему».

Председатель законодательной комиссии кнессета подтвердил тоже оригинально: «Рад получить книгу "С закрытыми глазами, или Неповиновение", третья в трилогии "Предобвальные будни". Уверен, что найду в ней интересное».

Только министр судов ответил «по существу дела»: «Чтобы не было никакого сомнения, нет в сказанном выше никакой позиции или мнения по существу дела».

Прошло много месяцев, и я обратился к министру судов, к министру полиции, к министру здоровья, к министру связи.

В моей жалобе министру факты из моей жизни (и не только моей) в двух кэгэбэшных государствах.

В одном кэгэбэшном государстве я родился, а во втором, в этом кэгэбэшном государстве, я умру или меня убьют.

В кэгэбэшном государстве – всё кэгэбэ.

Факты в моей жалобе говорят о кэгэбэшном суде и о кэгэбэшной прокуратуре, кэгэбэшной полиции, кэгэбэшной медицине и кэгэбэшной психиатрии, кэгэбэшной связи в этом государстве.

В суде я закрываю глаза и молчу, что означает моё неповиновение кэгэбэшному государству и моё несоучастие. Полиции я протягиваю руки для наручников, иначе я не иду в суд кэгэбэ, который ведётся против меня, это означает моё неповиновение государству кэгэбэ и моё несоучастие.

Министры отвечают или не отвечают, игнорируют факты кэгэбэшного суда и кэгэбэшной прокуратуры, кэгэбэшной полиции, кэгэбэшной медицины и кэгэбэшной психиатрии, кэгэбэшной связи в государстве.

И я обязан открыть у госконтролёра жалобу против суда-Сдом и прокуратуры-инквизиции, против полиции, которая растаптывает права человека, против карательной медицины и карательной психиатрии, против тоталитарной связи.

Госконтролёру: Мои жалобы против полиции, подавляющей права человека, проигнорировал министр полиции, а госконтролёр закрыл.

Я подал министру полиции жалобу о методичном убивании Нехамы Беркинблит в государстве Израиль в 1973-1976 годах и о покушении на её ребёнка в утробе матери.

Я подал эту жалобу в отделение полиции.

Полиция закрыла эту жалобу за пасхальным столом.

Полиция меня не известила о закрытии жалобы «по ошибке», как заверил меня госконтролёр, от которого узнал об этом только через полтора года.

Но и через полтора года ничего не получил из полиции, но госконтролёру это не помешало закрыть мою жалобу.

Вот об этом-то и жалоба: полиция, подавляющая права человека.

Через пятнадцать месяцев после закрытия полицией первой жалобы, – я подал министру вторую жалобу об убийстве ещё многих, включая первую жалобу.

Министр ответил на мою вторую жалобу: «нечего добавить к сказанному в первом письме». А в первом письме только и сказано: «жалобу надо подать официально в полицейское отделение».

А как можно подать в полицию вторую мою жалобу, подобную первой, если полиция закрыла первую жалобу и до сих пор не сообщила мне об этом своём решении, которое надо ещё обжаловать, чтобы можно было подать вторую жалобу, подобную первой?

Нет смысла подать вторую жалобу без обжалования закрытой первой.

Но госконтролёру это не помешало закрыть также и мою вторую жалобу.

А полиция не закрыла вторую жалобу, потому что не получила вторую жалобу, а не получила от меня вторую жалобу, потому что не ответила мне на первую жалобу.

Так вообще о чём пишет госконтролёр, если вторая жалоба не подавалась, не закрывалась?

А эти нарушения госконтролёра, министра полиции, отделения полиции – разве не «особая причина»?

А закрытие моей первой жалобы за праздничным пасхальным столом в полиции и неуведомление меня о закрытии жалобы, и только через пятнадцать месяцев я узнал об этом от госконтролёра – разве не «особая причина»?

А неуведомление меня до сего дня о закрытии моей первой жалобы – разве не «особая причина»?

А неуведомление меня о закрытии жалобы полицией два с половиной года – явная затяжка времени, чтобы помешать мне с обжалованием, – разве не «особая причина»?

А должностные нарушения должностных лиц – разве не «особая причина»?

А убийства и покушение на жизнь – разве не «особая причина»?

А покушавшиеся на жизнь Нехамы Беркинблит и её ребёнка: больница «Бикур Холим», больница «Хадасса Эйн Керем», больница «Мисгав Ладах», другие больницы, врач Лилиан Глезер, врач Яффе, врач Лейзеровская, другие врачи – разве не «особая причина»?

А спасший её врач Моше Гольдгребер – разве не «особая причина»?

А полиция, заметающая следы индустрии убийств, – разве не «особая причина»?

А вот этот перечень преступлений, проигнорированных министром и госконтролёром, – разве не «особая причина»?

стр. 1-217: Суд кэгэбэ над Михаэлем Бабелем.

стр. 8-10, 27, 42: Покушение кэгэбэ на Бабеля.

стр. 11, 48: Кража пистолета полицией у Бабеля.

стр. 11, 55, 90: Суд об украденном пистолете.

стр. 21, 22, 42, 50: «Топтун» Валера Коренблит, преследующий Бабеля.

стр. 33, 34: Вызовы Бабеля в полицию за «высказывания о государстве».

стр. 35-37: Кэгэбэшник «Арье-курди», готовящий покушение на Бабеля.

стр. 37-39, 50: Избиение Бабеля кэгэбэшниками в «Саду роз».

стр. 39, 50: «Топтун» Лев Юдайкин, преследующий Бабеля.

стр. 43-45: «Топтун» Абрам Соломоник, преследующий Бабеля.

стр. 44: Визит Бабеля к профессору Подэ в присутствии двух кэгэбэшников.

стр. 44: Что засунул кэгэбэшник пальцем Бабелю?

стр. 46, 51: «Топтун» Исраэль Горелик, преследующий Бабеля.

стр. 48, 53, 54: «Топтун» Дмитрий Сандлер, преследующий Бабеля.

стр. 50, 59, 117, 208: «Топтун» Евгений Могилевский, преследующий Бабеля.

стр. 52, 53, 57-59: «Топтун» Лейб Шварцман, преследующий Бабеля.

стр. 56, 57: «Топтун» Леонид Якимовский, преследующий Бабеля.

стр. 60-67: «Топтун» Биньямин Кутлеров, преследующий Бабеля.

стр. 68, 69: «Следователь» Йонатан Фогель, преследующий Бабеля.

стр. 77-79: Кэгэбэшники-«хулиганы».

Ответ госконтролёра: Сообщили вам, что по указу закона государственного контролёра мы не уполномочены проверять вашу жалобу против решения полиции закрыть следственное дело по причине, как передано, нет уголовного преступления. Как видно из вашего письма, вам известно, что было у вас право обжаловать и также не препятствовалось вам подать дополнительную жалобу.

Госконтролёру: Главное в ответе госконтролёра не то, что «было у вас право обжаловать и также не препятствовалось вам подать дополнительную жалобу», а то, что «нет уголовного преступления».

Я протестую, что госконтролёр на самом деле госзащитник государства кэгэбэ с его полицией, подавляющей права человека.

Госконтролёру: От подачи жалобы прошло два года.

Ну и хватит.

Госконтролёру. Обсуждаемое: Мои жалобы против карательной медицины и карательной психиатрии проигнорировал министр здоровья, а госконтролёр закрыл.

Вот таким трёпом проигнорировал министр: «Отсюда понятно, что не говорится о своевольных решениях психиатров и руководителей больниц, а говорится о решениях, которые принимаются с подобающе тяжёлой головой, после глубокого обдумывания и взвешивания всех вариантов и возможностей до того момента, когда будет получено решение, цель которого улучшить положение больного, нуждающегося в помощи».

Госконтролёр: Из министерства здоровья передано в наш отдел, что ваше обращение от 11.2.2008 не получено в министерстве.

Госконтролёру: Есть квитанция о заказном письме министру от 11.2.2008. Есть ответ почтового ведомства: «Проверка, которая состоялась по вашему обращению, показала, что письмо, которое послано министру здоровья, передано ему 12.2.2008».

Госконтролёр: 2.7.2008 послано вам подтверждение о получении вашего обращения и оно переведено для рассмотрения к руководителю службы душевного здоровья в министерстве здоровья. 7.7.2008 ответил вам руководитель службы душевного здоровья по делу.

Госконтролёру: А почему жалоба не переведена для рассмотрения к руководителю службы свиного гриппа?

Госконтролёр: Нет места для продолжения нашего вмешательства.

Госконтролёру: Перечень преступлений, проигнорированных министром и госконтролёром.

стр. 44: Визит к профессору Подэ в присутствии двух кэгэбэшников.

стр. 44: Что засунул кэгэбэшник пальцем?

стр. 116, 122-127,129-133: Карательная психиатрия.

стр. 148: Сцена в психушке и репортаж о ней по телевидению.

стр. 151-152: Убийство плода у Елены Бабель.

стр. 154-157: Кэгэбэ в отделе пищи.

стр. 164-171, 215: Убивание Нехамы Беркинблит и её сына:

а. Убивание в больнице «Бикур Холим».

б. Убивание у зубного врача в больничной кассе.

в. Врач-убийца Лилиан Глезер в больнице «Мисгав Ладах».

г. Врач – кэгэбэшный «насильник».

д. Врач-убийца Яффе в больнице «Хадасса Эйн Керем».

е. Врач-убийца Лейзеровская в больничной кассе.

ж. Врач-спаситель Моше Гольдгребер.

з. Вертолёт.

Ответ госконтролёра В ответ на сказанное в вашем письме предлагается вам вернуться к сказанному в нашем письме от 5.11.2008 по обсуждаемому делу, и не можете снова требовать по этому делу.

Госконтролёру: В письме от 19.10.2009 я повторно жаловался госконтролёру, что мои жалобы против карательной медицины и карательной психиатрии проигнорировал министр здоровья. Ведь нельзя считать «деловым ответом» мнение министра, что психиатрия в Израиле «впереди планеты всей». А госконтролёр 8.11.2009 повторно ответил мне словами своего первого ответа от 5.11.2008, что я получил «деловой ответ» министерства здоровья и «мы не видели места для продолжения нашего вмешательства».

Я протестую, что госконтролёр на самом деле госзащитник государства кэгэбэ с его карательной медициной и карательной психиатрией.

Ответ госконтролёра: Поскольку ваши претензии по теме качества врачебного обслуживания / халатность врачебная, надо сообщить вам, что отдел не выясняет претензии по этой теме и не вмешивается в мнения врачебной группы специалистов, которая обслуживает больного.

Госконтролёру: Моя жалоба от 15.1.2010 (а ранее от 19.10.2009) – жалобы об убийствах и покушениях в карательной медицине и карательной психиатрии. При чём здесь качества врачебного обслуживания / халатность врачебная? От подачи жалобы прошло два года.

Ну и хватит.

Госконтролёру: Вот так проигнорировал на первую жалобу министр судов: «25.2.2008. Чтобы не было никакого сомнения, нет в сказанном выше никакой позиции или мнения по существу дела».

Вот так проигнорировал на вторую жалобу: «24.7.2008. Чтобы не было никакого сомнения, нет в сказанном выше никакой позиции или мнения по существу дела».

А в жалобе вот такой предпоследний протокол суда надо мной: «1.5.2006. Я думаю, согласно поданному материалу, что у суда нет данных <...> невозможно приписать обвиняемому преступные намерения <...> я не считаю, что есть общественный интерес судить обвиняемого <...> Согласно сообщению, которое дано сторонам из отдела юридического советника правительства, ответ на просьбу к остановке процесса будет дан в ближайшие дни».

И после вмешательства юридического советника правительства вот такой последний протокол – окончательное судебное решение: «13.6.2006. В этих обстоятельствах существуют все необходимые основания для признания обвиняемого виновным. Поэтому я признаю обвиняемого виновным в двух преступных угрозах».

И вот такое доказательство к окончательному судебному решению:

<...> «но параграф 192 вышеупомянутого закона включает в определение преступления угроз также угрозы покушения, как было сказано, их слышащего или другого человека с намерением напугать его или дразнить. В деле № 2038/04 <...>, которое ещё не публиковалось, обсуждается дело об угрозах в отношении одного человека в присутствии другого человека. В решении суд подчёркивает то, что, согласно закону, не требуется «отношения к делу» между тем, кто слушал угрозу, и объектом угрозы (параграф 15 постановления). Вместе с этим, было подчёркнуто там, что существование связи между слышавшим угрозу и объектом угрозы может поддержать вывод, что это высказывание квалифицируется как угроза уголовная в отношении слышавшего, поскольку есть в этом основание для вывода, что угрожавший действительно намеревался запугать слышавшего угрозу и поэтому в нём

осуществилось необходимое психологическое основание намерения запугать или дразнить» <...>

Не слабо. Кто-нибудь что-нибудь понимает?

30.9.2009 – три года и три месяца с того дня.

И вот огромный перечень преступлений, проигнорированных министром:

стр. 1-217: О суде-Сдом и инквизиционной прокуратуре.

Ответ госконтролёра: Из вашей жалобы видно, что на ваши обращения министр судов ответил и что ваши обращения по поводу судебного решения, которое дано в вашем деле. По этим причинам госконтролёр не нашёл места проверять вашу жалобу и министр судов не может проверять ваши претензии, относящиеся к судебному решению, которое дано судом.

Госконтролёру: Невозможность госконтролёра и министра судов проверять мою жалобу против суда – фальшивый гимн независимому суду, который таковым никогда не был. А был суд-Сдом и инквизиционная прокуратура – руки кэгэбэ, защищающие государство кэгэбэ.

Государство открыло против меня суд по обвинению в угрозах агенту кэгэбэ. Угрозы оказались вымышленными. Не получилось. Государство перевернуло суд на обвинение меня в угрозах прокурору, которого я назвал бандитом, когда он позвонил ко мне домой. Опять не получается? Но ведь есть судебное решение от 30.6.2006. Так за чем стало? Мало моих угроз? Тогда читают мою жалобу в 217 страниц «С закрытыми глазами, или Неповиновение». Там на каждой странице мои невыдуманные угрозы государству кэгэбэ.

Я протестую, что госконтролёр на самом деле госзащитник государства кэгэбэ с его судом-Сдом и инквизиционной прокуратурой.

Ответ госконтролёра: Но как объявили Вам в нашем письме, которое указано в ссылках, отдел общественных жалоб не полномочен проверять жалобу о судебном действии или подобно судебному, и также по делу, которое находится в суде, или суд решил по этому делу, включительно по судебному решению, которое дано по вашему делу.

Госконтролёру: Я тоже не правомочен проверять судебное действие или подобное судебному, и также по делу, которое находится в суде, или суд решил по этому делу, включительно по судебному решению, которое дано по моему делу.

Потому что не моё это дело.

В кэгэбэшне нет личных дел, а есть только дела кэгэбэшни, которыми она подавляет неугодных кэгэбэшне.

Госконтролёр и я – не правомочны.

Получилась ничья.

Когда будет много ничьих, то есть массовое неповиновение – тогда кэгэбэшня и рухнет.

От подачи жалобы прошло два года.

Ну и хватит.

Госконтролёру: Вот так закрыта моя жалоба: «5.11.2008. Из министерства связи сообщено нашему отделу, что ваше обращение от 11.2.2008 получило ответ от 13.2.2008. Для Вашего удобства присоединяется копия ответа: "Ваше письмо с темой жалобы о строе КГБ. Мы благодарим вас за ваше обращение, что обратили наше внимание на эту важную тему". Поэтому не видели надобность к продолжению нашего вмешательства. Этим пришла ваша жалоба к концу».

На почте моё письмо с жалобой против министерства связи было зарегистрировано 11.2.2008 в 13:56, а уже 13.2.2008 был готов ответ на жалобу, её не проверяли и не читали. Но для госконтролёра этого достаточно.

Любой ответ министров достаточен госконтролёру для закрытия жалобы. Достаточна даже формальная благодарность, «что обратили наше внимание на эту важную тему». Как в данном случае.

Перечень преступлений, проигнорированных министром и госконтролёром.

стр.191-192: «У меня давно назревал конфликт с провайдером сайта моих книг. А в кэгэбэ знают обо всех моих конфликтах. Позвонил какой-то Дэнис, 054-6415046, предложил нового провайдера. Я не отказался. Он передал меня технику Дани. Тот работал со мной часа два, теперь мой сайт не поднимался ни с помощью старого, ни нового провайдера. Меня, обессиленного, Дани передал старшему специалисту. У всех специалистов, младших и старших, работающих с клиентами с помощью телефона, есть много недостатков, как вообще у людей, кроме одного, – есть хоть какая-то дикция. У старшего специалиста Офера не было никакой. Через час я догадался: он сказал, что в моём компьютере есть вирусы. Я, обладатель незарегистрированного патента защиты от кэгэбэшного вируса, громко возмутился. Ещё через час я догадался: он сказал, что мой компьютер не в порядке, и они придут вставить в него что-то. Я, хоть и чайник, но обладатель незарегистрированного патента, как держать компьютер в порядке и без вирусов. Я сказал: "Ну, ладно!" А он сказал, что ещё позвонит. А я позвонил Дэнису и сказал о происках кэгэбэ. А он сказал: "Надо же!" Потом я позвонил первому попавшемуся провайдеру. За четверть часа меня подсоединили, и мой сайт поднялся».

Дополнение задним числом о том, как кэгэбэ прячет торчащие здесь концы: присылают квитанцию № 2007202764845 о присоединении 13.6.2007 к провайдеру «безек» на 12 месяцев, в ней есть номер кредитной карточки, с которой снимают деньги. Квитанция устанавливает факт выполнения обычного заказа, что подтвердит Дэнис. А Дани и Офер подтвердят, что компьютер плохой, в нём вирусы, много поработали с ним, атар не подняли – это проблема заказчика, но компьютер присоединили к интернету. Вывод: платить надо, а не кричать о кэгэбэ.

И пояснения к квитанции № 2007202764845. Сначала потребовали оплатить с 13.6.07 по 30.6.07, потом – за следующий месяц, потом – за следующий, потом – за следующий, потом – за следующий. Всего 406 шек. Потом – письмо адвоката. Потом – его же письмо, что будет большая скидка. А потом – тишина. И письмо министра от 9.10.07: «Ваше обращение непонятно и поэтому не в нашей возможности заниматься им».

Так просто отказаться от денег? Без суда? Без иска? В Израиле не бывает такого, чтобы не заработать на мошенничестве, – торговать космосом, который ничего не стоит. Значит, заметают следы кэгэбэшной группы Дениска-Дани-Офер.

стр. 148: Сцена в психушке и репортаж о ней по телевидению.

Ответ госконтролёра: В ответ на сказанное в вашем письме предлагается вам вернуться к сказанному в нашем письме от 5.11.2008 по обсуждаемому делу, и не можете снова требовать по этому делу.

Госконтролёру. В письме от 21.10.2009 я повторно жаловался госконтролёру, что мои жалобы против тоталитарных средств связи проигнорировал министр связи. Ведь нельзя считать ответом благодарность министра мне: «Ваше письмо с темой жалобы о строе КГБ. Мы благодарим вас за ваше обращение, что обратили наше внимание на эту важную тему». А госконтролёр 8.11.2009 повторно ответил мне словами своего первого ответа от 5.11.2008, что я получил ответ министерства связи и «мы не видели места для продолжения нашего вмешательства».

Вот эти пункты из моей жалобы против тоталитарных средств связи, которая осталась без ответа и закрыта.

стр. 191, 192: Кэгэбэшники врываются в компьютер Михаэля Бабеля.

стр. 148: Сцена в психушке и репортаж о ней по телевидению.

Я протестую, что госконтролёр на самом деле госзащитник государства кэгэбэ с его тоталитарными средствами связи.

Ответ госконтролёра: Надо объяснить Вам, что у отдела жалоб нет полномочия проверять жалобу о поставщиках связи.

Госконтролёру: Какие поставщики связи? На мою жалобу от 11.2.2008 был ответ министра связи: «Ваше письмо с темой жалобы о строе КГБ. Мы благодарим вас за ваше обращение, что обратили наше внимание на эту важную тему». Это ответ? От подачи жалобы прошло два года.

Ну и хватит.

ПРЕРЕКАНИЕ – 8

Как я сдавал пули в отделении полиции «Цион» 23.2.2009 в 11:00 – 11:30.

5.12.2002 меня пригласили в полицейское отделение «Мория» в Иерусалиме по жалобе против меня. При входе в полицию сдал на хранение мой пистолет. Полицейские украли его. 9.2.2003 я обратился в суд против полиции государства, дело № 1488/03. Суд состоялся 16.7.2003. Ни пистолета не вернули, ни денег за него не получил. «Жалоба», по которой вызывали в полицию, провалилась, но на мои обращения вернуть пистолет не реагировали. Прошли шесть лет. Начал забывать, что он когда-то был у меня. Но вот пришлось пойти в полицию – из-за пистолета. После посещения полиции написал письмо.

20.7.2009. Госконтролёру: Полицейские украли мой пистолет 5.12.2002, который я сдал на хранение при входе в полицейское отделение «Мория» в Иерусалиме. Подробно об этом в книгах «Покушение», «Суд», «С закрытыми глазами, или Неповиновение». 16.7.2003 был суд «Михаэль Бабель против Государства Израиль (полиции Израиля)» с требованием вернуть украденный пистолет. Судья выслушала меня и адвоката государства и решила, что судебное постановление пришлёт по почте. И послала 31.8.2003. Полтора месяца сооружала «судебную законность» в государстве беззакония. Слова в судебном постановлении: «Было рекомендовано следственным отделом полиции аннулировать разрешение на оружие». По этой рекомендации было направлено соответствующее обращение министерству внутренних дел и 17.2.2003 аннулировано разрешение на оружие министерством внутренних дел.

Но было не так. 9.2.2003 я открыл суд «Михаэль Бабель против Государства Израиль (полиции Израиля)» с требованием вернуть украденный пистолет. Вот тогда спешно сварганили «законное основание». На конверте письма об аннулировании разрешения на оружие было написано «срочно». А само письмо заказное, но брошено в мой почтовый ящик в подъезде. Украли 5.12.2002, держали незаконно до 17.2.2003. И сварганили «законность» как можно ближе к моему обращению в суд. А теперь не возвращают «законно».

Пули и предметы к пистолету я положил на стол охранников при выходе из здания суда перед выходившим рядом адвокатом-прокурором, который представлял государство-полицию на суде, –

пусть и это будет их долгом, ведь украли не только пистолет, но и всё это, ставшее ненужным.

Необыкновенно интересно: покушение на меня было 6.7.2003, за десять дней до суда по пистолету и за три дня до передачи книги «Прощай, Израиль... или Последняя утопия» в печать – чтобы не было ни книги, ни суда! А несостоявшимся судом и состоявшимся покушением можно навесить много лапши на уши гомососов, населяющих кэгэбэшню, через теле- и радио-оболваниватель.

Главная тема книги – массовый завоз неевреев, евреи – меньшинство в многонациональном государстве, поэтому неизбежен обвал государства в 2018 году. Почему обвал и почему в 2018 году? Ответ в книге.

Вот государство и спешило ликвидировать меня. Но нет самомнения на свой счёт – был бы в последних рядах в пантеоне многих тысяч уже уничтоженных способом израильского гулага.

Три группы убийц спешили вытащить меня на три разные расстрельные точки, и одной группе убийц удалось выполнить государственное поручение большой важности – а как же! – если столько убийц задействованы.

Не государственная структура не посягнёт на такие уважаемые расстрельные площадки государства.

Расстрельная площадка в районе Гило, которая простреливается из арабской Бейт-Джалы, известна всем. Один раз я был приглашён туда, но у убийц не сработало что-то в тот день, а от второго настойчивого приглашения туда отказывался. Расстрельная площадка между Биньяней Сапир в Иерусалиме известна мне после покушения на меня в 2003 году. И только расстрельная площадка в Гар Адар под Иерусалимом была не известна мне. Туда, за несколько дней до покушения, настойчивый женский голос срочно приглашал сделать, неизвестно какой, чертёж неизвестно кому.

Через шесть лет после покушения, привлекла моё внимание новость на «Седьмом канале»: «В Гар Адар, где проживают многие сотрудники армии и других служб безопасности, каждое утро приезжают до шестисот рабочих (арабов – М.Б.)». Вот так узнал про эту расстрельную площадку то, что в книгах раньше доказал:

службы убийства, под видом арабов, и арабы, наводимые на цель службами убийства, – часть израильского гулага.

Я обратил внимание судьи, что меня оставили безоружным перед покушением. Молодой адвокат-прокурор государства, молодой убийца, розовощёкий и сдобный на хороших харчах, развалясь, как это только возможно на стуле, и нагло улыбаясь, сказал ехидно, что придуманным покушением я рекламирую свои книги.

Не знаю, кому судья сказала: «Я не могу решить все проблемы этого государства». Но она решила и эту проблему этого государства, а не мою.

Прошло шесть лет от кражи пистолета и от суда по пистолету. Готовясь к последнему песаху, нашёл в заначке ещё сто пять пуль, о которых забыл, но вспомнил бы, когда надо было идти в тир на обязательную раз в году пристрелку. Продать их некому – никто не купит. 23.2.2009 пошёл с этими пулями в ближайший полицейский участок «Цион», чтобы приложили к моему пистолету, что увеличивает долг полиции-государства передо мной.

В проходной полицейский потребовал оставить пули у него и предложил мне сказать в приёмной, что пули находятся в проходной. В 11:00 я был в приёмной, которая рядом с проходной. В приёмной был дежурный полицейский, а я стал единственным в очереди на приём. Спросил дежурный, что мне надо. Сказал ему, что в 2002 году в полицейском отделении «Мория» полицейские украли мой пистолет, а я вот нашёл ещё пули к пистолету и хочу их сдать. Дежурный смотрел на меня и молчал. Из ближайшей клетушки приёмной вышел полицейский, вопросительно посмотрел на меня. Повторил ему слово в слово. Сказал он, что занят с людьми, и ушёл в свою клетушку. Потом из дальней клетушки вышла полицейская, спросила, что мне надо. Повторил и ей. Не ответила, ушла в свою клетушку. Навести справки по сказанному мной – не проблема. Дежурный делал своё дело, а я в одиночестве слонялся по приёмной. В 11:30 все три полицейских стояли передо мной. Дежурный махнул рукой: «Уходи!» «А как пули?» – спросил я. Снова махнул рукой: уходи.

Это надо же! – без документа о сдаче пуль, без фамилии сдающего, без количества пуль, без причины сдачи, без дела, с которым это связано – уа!

Убийцы, одним словом.

И я пошёл.

6.8.2009. Ответ госконтролёра: Вот мы объявляем вам, что мы обратились к полиции Израиля получить данные по делу вашей жалобы о пулях, которые вы оставили в отделении полиции «Мория».

8.9.2009. Ответ госконтролёра (Письмо оказалось в моём почтовом ящике почтового отделения Рамот 8.10.2009. Заказное письмо! С запозданием в месяц! – М.Б.): В продолжение к нашему письму от 6.8.2009 объявляем вам, что руководитель отдела расследований в отделении полиции «Мория» ответил на наше обращение по делу вашей жалобы, передал, что по проведённому расследованию не найдено, что полиция задержала или получила от вас пули к оружию, как вы утверждаете. Если есть у вас дополнительные данные – как-то имя полицейского, пожалуйста, передать это нам быстрее, чтобы можно было снова обратиться в полицию и затребовать их ответ.

Госконтролёру: Я обратился с жалобой к госконтролёру 20.7.2009 против отделения полиции «Цион», дело № 406921.

Из первого ответа госконтролёра мне от 6.8.2009 следует, что госконтролёр обратился за разъяснением в отделение полиции «Мория».

Почему госконтролёр обратился в отделение полиции «Мория», ведь пули я принёс в отделение полиции «Цион» и жалуюсь против этого отделения?

Чтобы запутать дело и чтобы дать время отделению полиции «Цион» ликвидировать всякие следы в деле.

Почему второе письмо госконтролёра мне от 8.9.2009 (на конверте дата 10.9.2009) оказалось в моём почтовом ящике почтового отделения Рамот 8.10.2009 (заказное письмо!) с запозданием в месяц?

Чтобы дать ещё месяц отделению полиции «Цион» ликвидировать всякие следы в деле и чтобы задержать мой ответ госконтролёру на месяц, что облегчает закрыть дело.

Почему госконтролёр требует от меня имена полицейских? Разве нельзя выяснить, кто те двое полицейских в проходной будке, которые забрали пули, и кто те трое полицейских, которые ровно в 11:00 23.2.2009 буквально выгнали меня из отделения полиции?

Потому что уже успели уничтожить списки дежуривших.

Даже если будут фамилии полицейских, ничто не помешает госконтролёру закрыть дело за «недостаточностью фактов».

Ответ госконтролёра: Вслед за вашим разъяснением мы вернулись и обратились к командиру отделения полиции «Цион» для проверки вашей жалобы о неполучении квитанции о передаче пуль к пистолету в их отделении. После получения ответа и его проверки вернёмся к вам и сообщим.

Госконтролёру: Когда пришёл этот ответ от госконтролёра (28.10.2009), позвонил кто-то из отделения полиции «Цион». Спросил, что мне надо. Ответил ему, что ничего не надо. Я его ни о чём не пытал, а он помолчал немного, думал об этом фрукте, до которого, как они полагают, ещё не добрались только по случайности, но обязательно доберутся, и лишь потом сказал, что у них порядок – всё сдают на склад. Теперь была моя очередь: не только всё думать «убийцы!», а для приличия, хоть что-то сказать, но мне нет дела до их склада, я не из контроля, но что-то надо было сказать, и сказал, что могли бы и квитанцию дать. Это не моё предложение, а госконтролёра – удовлетвориться квитанцией. А по мне можно и без квитанции – по такому пустяковому делу. Ведь по другим делам со мной, более громким, ни ответа, ни привета от них. А он спросил: это всё, что вы хотите? Буду я ему говорить всё, что я хочу? На этом распрощались.

Квитанции не было.

Ответ госконтролёра: Из отделения полиции «Цион» довели до нашего сведения, что вслед за телефонной беседой, которая состоялась с Вами из отделения, проверили записи передачи на хранение в полицию и не найдена никакая передача на ваше имя, и полицейские, которые работали в день происшествия, тоже не помнят подобного происшествия, о котором вы жалуетесь. В проверке, которую провели также с ответственным за оружейный склад в отделении «Цион», не видно, что сдано вами какое-то снаряжение в этот день. По этим причинам и при наличии возражения полиции, что из-за продолжительного времени, которое прошло со времени происшествия, о котором вы жалуетесь, трудно проверить детали обсуждаемого происшествия, решили мы о прекращении проверки вашей жалобы на этой стадии.

Госконтролёру: Где сто пять пуль? Убийцы!

Я протестую, что госконтролёр на самом деле госзащитник государства кэгэбэ.

Глава «ПРЕРЕКАНИЕ-8» из новой книги рассылается во все стороны.

Ответ госконтролёра: Как передали мы вам в нашем письме от 6.1.2010, полицейские, которые были на посту при входе, о чём ваша жалоба, не помнят похожего происшествия, о котором жалуетесь, и также проверка, проведённая у ответственного за склад оружия, не выявила, что сданы вами пули к пистолету, как вы жалуетесь.

По этим причинам и из-за большого перерыва во времени, которое прошло от обсуждаемого происшествия, очень трудно сегодня проверить происшествие. Вместе с этим, если есть у вас существенная опознавательная подробность, как имя полицейского (даже только имя), который сидел на посту, где, по вашей жалобе, вы оставили пули, вернёмся и обратимся к заместителю командира отделения, чтобы вернулись и попытались выяснить и проверить, что случилось с пулями, которые вы оставили там.

Госконтролёру: Министр полиции обязан знать, кто эти двое, которые забрали у меня пули, и кто эти трое, которые выгнали меня, и работали в отделении полиции «Цион» 23.2.2009 в 11:00 – 11:30. Вот его и спросите.

А что, все пятеро врут? И женщина?

Убийцы на службе государства-убийцы.

4.2.2010. Ответ министра внутренней безопасности (полиция): Темой вашего обращения занимается госконтролёр, поэтому нет места министру заниматься этим.

Министру внутренней безопасности (полиция): Обсуждаемое: Уклонение министра от министерской ответственности. Письмо министра от 4.2.2010.

Письмо министра от 4.2.2010 – полное удовольствие, что пулями и полицейскими занимается госконтролёр. Но госконтролёр закрыл тик этот ещё 6.1.2010!

Министр давно знает об этом!

Министр знает, что госконтролёр не сыщик Шерлок Холмс, не комиссар Мегрэ, не статский советник Фандорин.

Госконтролёр путает полицейское отделение «Цион» с «Мория»!

Министр знает об этом!

Госконтролёр запрашивает на складе «Цион», есть ли запись о пулях, которые сдал Михаэль Бабель. А эти пули просто отняли у него, а его самого выгнали!

Министр знает об этом!

Господин министр, займитесь этим делом или я вот натравлю на вас госконтролёра, у которого меньше прав, чем у автобусного контролёра. Которого придумали большевики, захватившие власть, чтобы возле государственной кормушки были только подобные вам. Чтобы власть всегда была «наша»!

Покрывающие убийц – главные убийцы. Вот и решайте между собой, кто из вас главнее в покрывании убийц.

Госконтролёру: Уклонение министра от министерской ответственности. Покрывающие убийц – главные убийцы. Вот и решайте между собой, кто из вас главнее в покрывании убийц.

Ответ госконтролёра: Нет у нас ещё что-то добавить вам в том, что передали вам в наших письмах от 6.1.2010 и от 11.3.2010.

...Через год посетил полицейское отделение «Цион» по поводу многочисленных за год, как и каждый год, приставаний, преследований на улице, по телефону, по электронной почте с предложением работы, дать тремп, с разговорами о жизни, о революции, о гоях и прочее.

При входе в отдел приёма жалоб столкнулся с дежурным в тот день, когда здесь полицейские украли у меня пули. Это он тогда выгнал меня отсюда. Он мгновенно узнал меня не без страха в глазах.

Уверен, мои пули нашлись, но не для меня – дать мне такой козырь! В мафиях сурово – рядовой ничего не утаит от главаря.

Он ожидал от меня какого-то хода, но я прошёл внутрь отдела приёма жалоб и оказался вторым в очереди на приём.

Подошёл офицер, спросил первого в очереди, что у него, потом спросил, что у меня. Сказал ему, что меня преследуют. А он со смехом сказал мне идти отсюда и пригласил первого в очереди следовать за ним и пошёл по коридору в свою комнатку. По дороге возле ксерокса работала полицейская, сказал ей, смеясь, что вон того преследуют. И показал через плечо на меня.

Нет, я должен увековечить его имя. Пошёл за ним, он уже сидел за своим столом. Спросил его имя. Он охотно нацарапал на бумажке. Его каракули я не понял. Сказал ему, что сам хочу записать. Он охотно выпятил свою грудь, где на табличке его имя: Дагар Маджад.

Его каракули храню.

Страшная жизнь.

Большевистский сэсэсэр канул. Канет и это. Осталось немного – обвал 2018 года.

ПРЕРЕКАНИЕ – 9

Предвыборная молитва Михаэля Бабеля.

Г-споди, дай дождь, ливень, грозу, град, снег, гололёд, холод, ветер, ураган, цунами.

Чтобы гомосдомики попрятались по тёплым углам.

А гомососики не оторвались от телевизоров.

Чтобы пьянь упилась.

А любители шашлыков зажрались.

Чтобы партийцы испугались.

А студентики заеблись по кампусам.

А я пойду.

Пустое.

Некула.

Кругом только стукачи.
И убийцы.

ПРЕРЕКАНИЕ – 10

1.11.2008 шабат вышел в 5:26. А в 7:00 ко мне постучали. Не громко, так делают сын и его семья, живущие недалеко, или соседи по дому, по району.

Да ещё в такое время, когда дверь открывается сразу, как в шабат.

Но я не открыл, а посмотрел в глазок: вижу человека в мотоциклетном шлеме – значит посыльный. Без долгого звонка в дверь? Тихонечко. Не бывает.

Чуть приоткрыл дверь на короткой цепочке. В узкой щели вижу: человек держит высоко бутылку кока-колы, которую дарят к пице, доставляемой на дом. Человек спрашивает: «Заказывали пицу?» – «Нет», – отвечаю. Называет мой адрес. Повторяю, что не заказывал. Человек разворачивается и быстро уходит.

Ни слова возмущения обманщиком, который прячется за дверью, ни оскорбительного слова за убытки с пицей, ни тихих проклятий демонстративно во весь голос за убытки с поездкой.

Произошло то, что ни разу не случилось в этой кэгэбэшне, – клиент всегда прав.

Позвонил сыну, чтобы проверил в пицериях нашего района. Он обзвонил всех – ни у кого не было вообще заказов с нашей улицы.

Я обсудил с ним, что вряд ли из центра Иерусалима повезут пицу в наш отдалённый район по принятой здесь цене. А кому охота заказывать откуда-то дорогое, когда здесь хороший кашрут?

Сын посожалел, что я не поинтересовался у человека, из какой пицерии пица.

Я понимал, что не бывает лучше, чем Всевышний ведёт меня. Но не знал, что ответить сыну, и сказал, что всё было правильно. Через некоторое время я уже знал. Позвонил ему и объяснил: если бы человек назвал пицерию неправильно, тогда не о чем тут говорить, а если бы назвал какую-то пицерию, то, зная меня, что скоро устрою проверку, у кэгэбэшников быстро будет готов ответ, и из названной пицерии ответят, что да, был заказ – вот тогда действительно не о чем тут говорить.

Так все ведут себя в кэгэбэшне – от профессора с рентгеном пули в грудной клетке Рабина до простого колхозника-кибуцника. Все хотят жить.

А быстрый и тихий уход человека от моей двери – он не мог самодельничать, ему было сказано, что всегда благодарный Михаэль откроет дверь.

Но случилось непредвиденное: впервые за десятки лет, что живу здесь, я только чуть приоткрыл дверь на короткой цепочке.

Даже не знал, как она защёлкивает, но она сработала, с помощью Всевышнего.

Через три дня митинг памяти Ицхака Рабина – новая попытка убить к сходняку убийц убиенного.

Крови они хотят.

Ритуальной.

На празднике идолопоклонников.

И так из года в год требуют крови.

Моей.

Чтобы праздник был праздником!

ПРЕРЕКАНИЕ – 11

21.3.2010 утром отправил письмо министру полиции и госконтролёру: «Покрывающие убийц – главные убийцы. Вот и решайте между собой, кто главнее в покрывании убийц».

А уже 22.3.2010 в девять вечера был звонок, и когда я после девяти вернулся с урока «ежедневная страница», дочь дала мне номер телефона 02-6765288 позвонить какому-то Ронену.

Звоню. Ронен у телефона. Голос немолодого человека, спокойный, внушает доверие, располагает к беседе в позднее время, без дневной спешки и скорых решений.

Оказывается, что я ещё кому-то нужен – что-то начертить. Но незнакомец не сказал, что именно надо начертить. Всегда говорят, о чём идёт речь, ведь всегда хотят знать, специалист ли этот неизвестный.

А он не сказал, чтобы я не отказался сразу, мол, это не черчу. Завлечь меня надо умеючи.

Известно, что после покушения я не принял по телефону ни одного предложения по работе от незнакомых и без рекомендации.

И ещё: чтобы я не задал профессиональный вопрос, который окажется каверзным.

Поэтому-то и выбрано время, когда я не дома, чтобы оставить номер телефона «безека», который выглядит солидно, имеется адрес, а не какой-то переносной подозрительный, как у всех тех, которые завлекали меня на покушение.

И чтобы я звонил, хоть с маленьким, но интересом.

А дальше – ловкость голоса и никакого мошенничества.

Вот только не помню за долгие годы, чтобы какой-то незнакомец так поздно звонил по работе. С таким мягким голосом и без совести – ещё одна ошибка.

«Как вышли на меня?» – спрашиваю его.

«В Интернете нашёл», – говорит.

За все годы Интернета впервые слышу, что меня там нашли. Меня находили в телефонной книге «золотые страницы» в разделе «чертёж». Но это было очень редко, и все они были шустрые, куда-то спешили. А у «Ронена» обстоятельный и обходительный голос, без всякой спешки.

Но я уже не только не плачу несколько лет за рекламу в «золотых страницах», но и попросил снять меня, потому что это в их интересах давать одну бесплатную строчку любому специалисту, чтобы их книга-реклама была толще, и если не попросить их не давать объявление, то будут давать эту бесплатную строчку. А в моих интересах, чтобы мне не звонили, потому что именно так готовили покушение три группы убийц.

Теперь знают, что меня там нет, остаётся одно сказать: в Интернете нашёл. На этой мусорной свалке есть всё и все.

Но у солидного человека, каким старался выглядеть «Ронен», всегда есть, к кому обратиться по любому вопросу, особенно по такому деликатному, как чертёж – не засор же это в канализации, который чтобы прочистить ещё много подумают, кого вызвать.

А в «золотых страницах» за этот год в разделе «чертёж» вообще только одна строчка осталась – фирма «Ор», в которой я печатаю чертежи для моих немногих старых заказчиков, у которых малость прирабатываю, когда я им нужен. А остальные специалисты чертежа сбежали из «золотых страниц», как и я, конечно, не по моей индивидуальной причине, а по нашей общей – настоящий клиент приходит не оттуда.

И не из Интернета.

Все, искавшие мою душу, ссылались на «золотые страницы».

А теперь что будет – Интернет?

А «Ронену» ответил, что я давно уже не работаю. А он говорит, что надо совсем немного начертить. Нет, твёрдо говорю, что уже не молод, и повторяю, что давно не работаю. А он своё гнёт, что вот покажет мне, как это немного и просто.

Так и не сказал, что именно чертить.

С его голосом, который говорит о его хорошем положении на социальной лестнице, да и с его возрастом, при котором уже есть полезные связи, – приставать к какому-то чертёжнику из мусора Интернета? Да ещё «руси»! Да ещё старик! Да ещё артачится! Случалось, меня уговаривали, только если уж несчастный какой – бывали такие, которые чувствовали, что помогу. Но тут голос не заискивающий, а обстоятельный.

И проникновенный.

У нерядовых кэгэбэшников в той кэгэбэшне был такой проникновенный голос и генеральский чин.

А после моего опыта с «Морисом» из Бейт-Джала, с «Гидоном» из Биньяней Сапир, с женщиной с настойчивым голосом из Гар Адар, с «Арье»-курди из Гило и ещё с другими – требовался с их стороны только генерал.

Такой генеральский интерес к объекту только при задании государственной важности.

И тщательность, с которой проводится израильский гулаг – высочайшая!

Поголовное незнание о нём.

Отключил телефон.

А звонили из одного из «центров по убийствам», а не из какой-то там мафии, у которой «центр» заказывает убийства. Что подтверждается не только похожестью голоса, а похожестью на израильский гулаг.

Из которого я временно вернулся.

Но из израильского гулага не возвращаются, что я уже доказал не на своём примере.

Это из того гулага некоторые возвращались.

Теперь остаётся доказать это на своём примере.

Докажу.

Но кэгэбэшня очень высококвалифицированная.

Никто не пикнет.

Но обвал приблизится.

ПРЕРЕКАНИЕ – 12

От звонка «генерала» 22.3.2010 прошло шесть недель.

3.5.2010 с телефона номер 054-4356186 звонит мужчина, говорит, что ему нужен чертёж. Сразу отвечаю, что я стар, не работаю. Такое не пропускают мимо ушей и дальше не продолжают, но иногда спрашивают, к кому обратиться.

Но этот как будто не слышал и продолжает. Мне сразу понятно почти всё, но мешает это «почти» закрыть телефон – не люблю обижать. Спрашиваю этого «почти понятного»: «А у вас что – стройка?» Ответ обычно следует мгновенно, каждый знает свою нужду. Но этот молчит. Наверное читает по бумажке, а в ней разные варианты. Выбирает. Подводит долгое молчание – роковая ошибка. Наконец прочёл и говорит в два слова: «Подача проекта». Больше не знает, что ещё сказать.

А после этих слов кто должен продолжить? Я? И спросить его, не о двадцатиэтажной ли гостинице в центре Иерусалима говорится или он хочет пристроить балкончик к двухкомнатной квартирке?

Повторяю ему, что уже не работаю. Он изображает интерес, чтобы я ему посоветовал, к кому обратиться. А что, в начале не слышал, что не работаю? Очень старательно записывает, уточняет, повторяет записываемое. Никто и никогда так старательно не записывал.

Во время разговора спросил его, кто рекомендовал меня. Сказал, что в Интернете нашёл. Ну это для меня уже не новость про Интернет. А повтором об Интернете они закрепляют мне мысль, что никакого «генерала» не было.

Есть исследования, что двести раз повторённое телеэкраном или радио, закрепляется в мозгах. Значит, осталось ещё сто девяносто восемь раз.

ПРЕРЕКАНИЕ – 13

Попурри из книг.

«В той кэгэбэшне можно было разглядеть её: люди исчезали бесследно, и из гулага иногда возвращались лагерники. В этой замаскированной кэгэбэшне люди не исчезают бесследно и из этого гулага не возвращаются – вся территория государства – гулаг. И никаких особых следов гулага у всякого ставшего трупом».

«Ведь в кэгэбэшне убить не проблема. Проблема – на кого списать, чтобы гулага не было видно: "арабский" террор, дорожные катастрофы, тремпы и тремпиады, несчастные случаи, болезни, отравления, мафии, хулиганы, самоубийства, природные катастрофы, спид, случайные пули, утечки газа, падения из самолёта, из окна, с крыши, с балкона, случайные смерти – не перечесть».

«Все, кто убиты в той кэгэбэшне тем кэгэбэ, заслужили быть жертвами кэгэбэ. Все, кто убиты в этой кэгэбэшне этим кэгэбэ, стали жертвами чего угодно... жертвы случайных смертей... Не счесть. Заслужили быть жертвами кэгэбэ».

«Убили всех лидеров идеи трансфера арабов. Кого только не убили и кого только ещё не убьют в этой кэгэбэшне! Теперь идее трансфера арабов есть только одна альтернатива – новый Освенцим».

«23.3.2007 главная кэгэбэшная газета опубликовала воспоминания нерядового кэгэбэшника под заголовком "Государство Шабака". Рассказал кэгэбэшный "герой" об их "работе": везде насадили только своих людей; всех неугодных изгнали отовсюду; всё государство опутали внедрёнными агентами; "сшили" дела на всех; провоцировали, шантажировали, запугивали... В той кэгэбэшне такие разоблачения сопровождали "перестройку". А в этой кэгэбэшне эти якобы разоблачения должны предотвратить перестройку: так было, так есть и так будет – все мы – кэгэбэ! И сегодня на всех постах "сидят" не левые, а кэгэбэшные!

Так и в моём исследовании вывод, что те же люди и те же собачьи взаимоотношения между ними, которые проявляются в той кэгэбэшне, проявляются и в этой, – не выкладка на бумаге, а прямое доказательство о кэгэбэшне – увиденное не раз, а двадцать раз по двадцать.

Ещё одно доказательство о кэгэбэшне даже без доказательств об убийствах! – с помощью пустячка: люди и их собачьи взаимоотношения – самая лучшая характеристика места их проживания. В таком месте они убивают или с их помощью убивают, что одно и то же.

Кэгэбэшня убивает тайно от имени государства.

Тайно – чтобы люди жили счастливо и без страха.

Такая человечная забота о людях.

В той нечеловечной кэгэбэшне не заботились о людях.

Поэтому все знали, что убивают.

А в этой человечной кэгэбэшне не только не верят в убийства, но ещё и не знают, хотя после каждого убийства остаются концы, которые торчат, как бы умело их ни прятали.

Тысячи торчащих концов никому ничего не говорят?

Концы от убийств великих евреев.

Концы от убийств неугодных лидеров.

Концы от убийств знающих слишком много.

Бесконечный список. А в конце свидетельство моё и Нехамы, как нас убивали.

Весь мир осудил нечеловечную кэгэбэшню там.

А здесь не осуждают человечную кэгэбэшню эту.

Здесь – воспитанные в страхе двух кэгэбэшен.

Поэтому здесь предпочитают не знать.

Иначе трудно себя уважать, если знать, но молчать.

А в кэгэбэшнях надо молчать.

Это все понимают.

Поэтому лучше не знать.

И получается, что знаю я и Нехама.

Такой пустячок».

«Страшный был адрес того кэгэбэ: "Россия, Москва, Лубянка". Не менее страшен адрес: "Израиль", а далее – "везде"».

«Учинят расправу надо мной самым естественным образом. И коротко объявят, что погиб в тремпе или на тремпиаде, и напомнят живым, что лучше ездить в автобусах».

«Или одна из тысячи случайностей».

«Или ещё вариант – карательная медицина».

ПРЕРЕКАНИЕ – 14

28.9.2008. Руководству больницы «Шаарей Цедек»: 3.11.2007 скончалась жена в онкологическом отделении больницы «Шаарей Цедек».

2.11.2007 я спал в кресле возле жены и в ранние утренние часы открыл глаза. На её лице была кислородная маска, она тяжело дышала. Возле кислородного крана стояла медсестра отдела. После этого прошёл примерно час. Я встал проверить, как сидит маска на лице и какое давление кислорода. Увидел, что кислородный кран закрыт и шарик не «танцует». Голова и грудь жены тяжело поднимались и падали.

Побежал к медсестре, почти кричал в сонной тишине: «Ты закрыла кислородный кран!»

Она молчала, слова не проронила. Ждала от меня поступка, который суд квалифицирует, как хулиганский.

Рассказал дежурной за конторкой в коридоре, что сделала медсестра. Та посоветовала обратиться к старшей медсестре отдела.

Начал искать старшую, тут она и появилась. Рассказал и ей о случившемся и попросил принять мою жалобу. Её лицо выражало нежелание заниматься моим свидетельством.

В это время появился дежурный врач. Рассказал и ему о случившемся. Он пошёл в комнату медсестёр. А я спрашивал ещё кого-то, как мне подать жалобу в эти ранние часы. Подошёл ко мне дежурный врач, сказал, что он уже составил жалобу.

Через год, 24.9.2008 посетил отдел, в котором скончалась жена. Встал в коридоре, а мимо проходит медсестра, которая выключила кислород, смотрел на неё в упор, а она смотрела прямо перед собой.

Какая реакция была со стороны руководства больницы на поступок медсестры по имени Ора (а по-русски Света)?

Письмо начальницы отдела обслуживания больного директору больницы: В конце ухода по обслуживанию больного медицинская сестра закрыла по ошибке кислородный кран вместо ингаляционного крана и немедленно с выходом из комнаты мужа, который показал ей на это, она возобновила подачу кислорода моментально.

Ответ директора больницы: Я извиняюсь за ошибку, которая, как сказано, исправлена и, как объяснено вам, не было в ней намерения подвергать опасности вашу жену. Происшествие расследовано и даны соответствующие указания.

Министру здоровья: 3.11.2007 скончалась жена в онкологическом отделе больницы «Шаарей Цедек».

2.11.2007, в ранний утренний час, медсестра отключила подачу кислорода в кислородную маску на лице жены. Дежурный врач принял на месте мою жалобу.

Прошёл почти год, но я не слышал ни от кого ничего по этому делу.

24.9.2008 посетил отдел, в котором скончалась жена, и увидел ту медсестру, которая всё ещё работает в больнице.

28.9.2008 послал руководству больницы письмо, в котором есть вопрос: «Какая реакция была со стороны руководства больницы на поступок медсестры?»

Прошёл год, и 19.11.2008 ответили после добавочного моего письма. В ответе есть слова: «В конце ухода по обслуживанию больного медицинская сестра закрыла по ошибке кислородный кран вместо ингаляционного крана и немедленно с выходом из комнаты мужа, который показал ей на это, она возобновила подачу кислорода моментально».

А ведь в моей жалобе: «...я спал в кресле возле её постели и в ранние утренние часы открыл глаза. На её лице была кислородная маска, она тяжело дышала. Возле кислородного крана стояла медсестра отдела. После этого прошёл примерно час. Я встал, как обычно, проверить, как сидит маска на лице и какое давление кислорода. Увидел, что кислородный кран закрыт и шарик не "танцует"»...

Моя жалоба не об ошибке, а об убийстве.

Госконтролёру: Обсуждаемое: Моя жалоба министру здоровья об отключении подачи кислорода моей жене медсестрой в больнице «Шаарей Цедек» в Иерусалиме.

11.12.2008 я подал министру здоровья жалобу по вышеназванной теме.

К министру я обратился после годичного ожидания ответа от больницы, которая называла убийство «ошибкой».

Но так как из моего опыта я знаю, что министр не отвечает на мои жалобы и потом уверяет, что не получал их, и потом уверяет, что жалоба не понятна ему, и чтобы не потерять ещё год (например дело № 374813), и так как министры спешат в ближайшее время пересесть в другие кресла, я обращаюсь прямо к госконтролёру срочно расследовать дело об убийстве.

Ответ госконтролёра: Ваше письмо мы перевели на обслуживание профессору <...>, который проверит ваши претензии и ответит непосредственно вам.

Ответ министра здоровья: Ваше обращение переведено на проверку профессиональной инстанции в руководстве медицинского центра «Шаарей Цедек». По окончании проверки ваше обращение получит прямой их ответ.

Ответ министра здоровья: Начали проверку жалобы, по окончании проверки объявим вам наши находки. Хочу объяснить вам, что в природе вещей, проверка иногда может продолжаться долгое время.

Госконтролёру. Копия министру здоровья: 30.12.2008 министр здоровья на мою жалобу об убийстве моей жены 3.11.2007 в больнице «Шаарей Цедек» сообщил, что начал проверку и что «проверка может продолжаться долгое время». Прошло полгода. Для умершего – ничто. Для живущего – долгое.

Ответ госконтролёра: Обсуждаемое: Ваша жалоба против министерства здоровья по делу о задержке хода вашей жалобе. Отдел общественных жалоб открыл проверку вашей жалобы согласно параграфу семь закона о Госконтролёре.

Госконтролёру: Обсуждаемое: Убийство Елены Бабель в больнице «Шаарей Цедек». 3.11.2009 – прошло два года со дня её убийства.

Письмо министерства здоровья, отдел жалоб: Обсуждаемое: Ваша жалоба от 28.9.2008. (Прошёл год и три месяца – М.Б.). Группа обслуживания больного в отделе признаёт ошибку, которая сделана, когда кран кислорода был закрыт.

Ну и хватит.

ПРЕРЕКАНИЕ – 15

24.5.2010. Госконтролёру, министру здоровья, руководству больницы.

Та кэгэбэшня признала, что убила миллионы. Признала и дела помельче, например, попытку отравить писателя Войновича.

Эта кэгэбэшня не такая: не признала ни маленькое дельце, попытку убить Любимую, не признала и не признает, что убила тысячи.

А если попалась, называет убийства «ошибками». И защищает «ошибки» новыми убийствами.

А была не ошибка.

В ранние утренние часы больничной палаты я открыл глаза и увидел эту медсестру возле кислородного крана. Она застыла, не шевелилась. Мои открытые глаза она не видела, но раскладное кресло, на котором я спал, страшно скрипучее. Так она и стояла.

Я снова уснул и через час поднялся и подошёл к кислородному крану. Он был закрыт.

Нет, это не ошибка.

Я открыл кислород – установилось дыхание Любимой, начала успокаиваться.

Давно мучилась без кислорода.

Неделей раньше был вечер перед субботой. Темнело. Любимая дремала. Я сидел возле. На нашей половине палаты, возле двери, было тихо.

На второй половине, возле окна, было шумно. У соседки по палате были гости. Меня их шум не волновал, Любимая плохо слышит. Волновал меня свет. Две несильные лампы в потолке возле окна, предназначенные только для той половины палаты, уже горели, их свет не мешал, разделительная занавесь была почти до потолка. Но шумной кампании этого света будет мало, когда за окном станет темно. Они обязательно включат общий свет на всю палату.

Главными шумящими были молодая гостья соседки по палате, в юбке, короче которой бывает только пояс, и её муж с маленькой бородой из трёх тонких косичек, две по бокам и одна под губой. Просить у такой юбки и такой бороды?

Я сидел и ждал неизбежное. В палате темнело. У окна шумели без перерыва. Наступила суббота.

Короткая юбка зацокала весело на высоких и острых каблуках мимо нас к выключателю возле двери, и стало светло. Выключить свет можно, если он мешает больному. Я выключил и вернулся сидеть возле Любимой. У окна тоже стало тихо, как у нас около двери. Острые каблуки пошли снова, но уже не весело, а отсчитывая каждый шаг, готовые к бою. Снова стало светло.

Я сразу же поднялся, но играть в субботу в выключатель не мог. Вышел из палаты, подошёл к дежурной по коридору, спросил её, к кому обратиться с проблемой света. Сказала, что в шабат всё в руках людей охраны, а они сидят внизу.

С седьмого этажа пошёл вниз. Субботний лифт, по-моему, для больных. На мой стук в стеклянную дверь охраны выглянул русский человек. Рассказал ему о моей проблеме со светом. Он слушал меня и думал о своём, но сказал уверенно, что они этим займутся. И я поспешил пешком на свой седьмой этаж, чтобы успеть увидеть, как они этим займутся. На седьмом этаже было тихо, в палате горел яркий свет, который в шабат выглядит ярче, на той половине комнаты было шумно. Я покрутился сюда-туда, туда-сюда и пошёл вниз. На мой стук вышел другой русский. Сказал ему, что они обещали заняться. Он слушал меня и тоже думал о своём, но сказал тоже уверенно, что вот придёт начальник.

Я сел ждать в коридоре. Прошло время, и постучал в дверь. Из комнаты замахали руками, призывая к терпению. Сел ждать.

Вдруг в конце коридора появилась красавица южноамериканского карнавала, высокая, статная, грива до талии, шикарные бёдра обвешаны разным вооружением, голова, плечи, грудь в лентах и шнурках. Я к ней с нетерпением, а она ко мне с полным вниманием, что признал в ней начальство. Доложил ей быстро и чётко.

Она молча пошла к лифту, а я бросился к лестнице. Но как ни старался, а в широком проходе в палату встречала меня она. И не одна. Возле красавицы стоял сморчок, в гражданском и непонятной должности, немолодой и насупившийся. Ещё две медички были рядом. В проходе был выключатель. Я нажал на него и закрыл его спиной, что означало – только через меня.

В палате стало тихо и темно после яркого света. Передо мной в широком проходе стояли красавица и сморчок. У входа уже толпились арабы, хамула навещала своего из деревни в соседней палате, как они все там размещались – непостижимо, они молчали и только пялили глаза. Было тихо и поэтому был слышен один возмущённый голос за спинами хамулы. Ещё один неизвестный, которого я никогда не видел в качестве посетителя за месяц моей жизни на этом этаже. А он, пригнувшись и подавшись вперёд, зажигал людей: требовал, чтобы меня оттащили от выключателя и хорошенько дали. Я поймал его глаза, чекистские, знакомые по той кэгэбэшне. В это время услышал, как сморчок шепчет красавице: «Вызови полицию! Вызови полицию!»

Прояснилось: «сморчок», «короткая юбка», «поджигатель» – такой порядок по их чекистским чинам.

Моё судебное «дело» перешло в руки красавицы.

Интересно, будет и её свидетельство.

Я не отводил глаз от красавицы. Она молча вышла в коридор, недовольный сморчок за ней. Толпа перед входом в палату рассосалась. Я стоял, прикрывая спиной выключатель. Вдруг увидел, что красавица и сморчок сидят за длинным столом для дежурных, который стоял напротив входа в палату, и смотрят на меня. Я долго стоял и, прикрывая выключатель, не мог смотреть на красавицу. Но вдруг увидел, что нет её. Чуть не заплакал, что нет моей красавицы.

В следующий субботний вечер, как обычно, сидел возле Любимой. Короткая юбка зацокала весело на высоких и острых каблуках ко мне. Как ни в чём не бывало, объявила, что её муж организовывает кидуш в телевизионной комнате, в конце коридора, и пригласила меня. Говорить с ней не хотелось. Через короткое время снова пригласила.

Какое неуважение!

Так по дешёвке освятить себя?

Нет, отравление не выберу.

А карательную медицину!

ПРЕРЕКАНИЕ – 16

Когда была война двух диктаторов Гитлера и Сталина, и первый быстро приближался к Москве, сосед по двухкомнатной коммуналке сказал маме: когда придёт Гитлер, все евреи будут висеть у него на указательном пальце, который он направил на маму как пистолет.

Мама была одна, папу с начала войны забрали в армию, и она с двумя маленькими детьми бежала из Москвы в Бердичев, свой отчий дом, к моим дедушке и бабушке, Нохуму и Мане. Но Гитлер быстро приближался и к Бердичеву. А дедушка Нохум не знал про антисемитов свежее, что знала мама, но помнил, что в прошлой войне с немцами обошлось. Поэтому дальше бежала мама с двумя маленькими детьми. Вся жизнь её и её детей была спасительным бегом от антисемитов.

…Мама с какой-то жалобой вошла в министерство для репатриантов и не вышла по какому-то требованию. Вызвали полицию. Кто-то воспользовался случаем для каких-то целей и сфотографировал для газеты, как волокут по земле за наручники восьмидесятилетнюю еврейку и её дочь.

Автор текста к фотографии в газете не согласилась встретиться со мной, но оставила для меня при входе в газету пакет с копией фотографии.

Возле министерства для репатриантов я смотрел на землю, по которой волокли маму, прикинул, из какого окна фотографировали, и быстро посмотрел вверх, откуда фотографировали, – за стеклом окна дёрнулся край занавески.

С увеличенной многократно газетной фотографией мамы демонстрировал месяц перед государственными учреждениями.

Маме так и не удалось убежать от антисемитов.

Мамин бег от антисемитов закончился в возрасте девяносто семь лет в «Шаарей Цедек» в субботу 20-21.11.2009. Туда её привезла дочь за день до субботы с пустяковой проблемой и оставила одну на субботу. Как убили, не имеет значения – убивают старьё без частного присмотра, в чём заинтересовано государство: государственное страхование, государственные больницы, больничные кассы.

И жену тоже убивали в «Шаарей Цедек». Без всякой связи с отключением кислорода, которое признали ошибкой, а не преднамеренным убийством: ей отравили мозги и ей казалось, что мы живём здесь, а навещающие приходят к нам в гости.

Дома, перед этой последней больницей, она просила меня, если будет ясен конец, забрать её домой и дать умереть дома. От неё я этого не ожидал, она оказалась сильнее меня. Я обещал ей.

И когда приближался конец, почти договорился с больничной кассой, что беру её домой, только они обещали приход врача раз в неделю, а я настаивал, по крайней мере, на двух приходах.

Теперь же, с отравленными мозгами, она возражала, со слабой улыбкой, на моё предложение вернуться домой. Она уже не знала, что у неё есть дом, лучше этого. А кто мы друг для друга – что она знала об этом?

ПРЕРЕКАНИЕ – 17

Почему выбираю карательную медицину?

А потому что всё у меня хорошо.

У меня хорошие гены – от праведных дедушек и бабушек, жили они долго и вот мама долгожительница, 97 лет.

У меня хорошее давление – 125/75, хорошая глюкоза – 77, хороший холестерол – 148, хорошая уреа – 41, хороший билирубин – 0.6, хороший гемоглобин – 14.1.

Такие прелести дорого встанут большевикам.

Это приближает их обвал.

Утешает.

Во всём мире остались от большевиков только кэгэбэ для убийств – это единственное, что они умеют строить хорошо для сохранения их власти. Весь мир вернулся от большевиков к тому, чем был, только убийств стало больше.

А большевики закрепились на маленьком клочке земли, предназначенном для евреев. И как водится у большевиков, захватили всё с потрохами: захватили всю пропаганду – радио, телевидение, газеты; захватили всё подавление – прокуратуру, суд, полицию; захватили воспитание, культуру, искусство; растили гомососов и принимали гомососов; насадили везде только «своих» – своих детей, своих учеников и примкнувших быть «своими»; уничтожили и разогнали всех «несвоих» и в том числе с помощью карательной медицины.

Теперь из-за моего промаха в больнице «Хадасса Эйн Керем» приходится обращаться к карательной медицине.

В кэгэбэшне нет выбора.

Остановился на «Шаарей Цедек». Там ушли из жизни родные и любимые.

Вместо того, чтобы говорить с врачом об операции, на которую приходят в больницу всего на несколько часов, рассказал ему о покушении на меня. В моём рассказе он поправил моё слово «коммунисты» на «большевики».

Я очень удивился сказанному мной, потому что не употребляю слово «коммунисты», а только «большевики».

Сказано это было мной потому, что меня ведут по моей дороге.

Остановился на враче. Оказалось – доктор Зильберман.

А его попросил выбрать операционного помощника и анестезиолога.

И не из страха.

Давно сказал, что готов приблизить обвал.

А потому, что на Земле надо жить дольше и сделать больше для Неба.

26.5.2010 доктор Моше Зильберман сделал свою часть работы.

Но осталось ещё для другого доктора. Я спросил, к кому обратиться. Он назвал доктора Альбертона. А его я попросил, чтобы была та же анестезиолог, доктор Найман.

29.8.2010 доктор Иосиф Альбертон сделал свою часть работы.

Большевики-убийцы не преодолели клятву врачей, называемую по имени Гиппократа.

Есть у них что-то надёжнее.

ПРЕРЕКАНИЕ – 18

24.5.2010 разослал написанные к тому времени «Пререкания» по почте во все стороны и всем партиям, без арабских, и по электронной почте всему кнессету, без арабов.

Пришли ответы:

«Ваше обращение получено в нашем отделе. Переведу его для рассмотрения членом кнессета <>. Хагит».

«Материал переведён для рассмотрения членом кнессета ◇. Хани».

«Ваше письмо получено в нашем отделе с благодарностью, и будет переведено немедленно для рассмотрения членом кнессета. Таль».

«Ваше обращение получено и прочитано с большим вниманием. Я благодарю вас за обращение, показывающее хорошую гражданственность и большое небезразличие. Министр полиции».

Члены кнессета и министры никогда не ошибаются, это их помощницы иногда не опытные.

Если бы кэгэбэшня не убила в последнее время Рафуля, Ганди, Биньямина Кахане, Меира Кахане, разве был сейчас такой премьер и такое правительство?

Если бы кэгэбэшня не убила в последнее время Идо Зольдана – лидера и строителя «Хомеш сначала», рава Меира Авшалом Хая – лидера и воспитателя молодых, Цафрира Ронена – лидера «Кибуцники за Эрец Исраэль» и ещё многих, равных им, из огромного списка убитых, разве был бы сегодня такой кнессет?

Сегодня они заводят народ в тупик, как завели в Кфар-Маймон народную освободительную армию, которая шла освободить Гуш. За что получили места в кнессете.

ПРЕРЕКАНИЕ – 19

В той кэгэбэшне только прогремит событие, как утром уже длинная очередь к газетному киоску, и не напрасно отстояли на морозе, под солнцем, в дождь – есть, что почитать, свежая газета. И со всеми подробностями. И как это надо всем понимать. А подробности спускались из... тут ответственный за номер закатывал глаза вверх и туда же тыкал пальцем.

В этой кэгэбэшне только прогремит событие, как свежая новость спускается сверху через нескольких Кармел Менаше и нескольких Сар Френкель. И со всеми подробностями. И как это надо всем понимать.

После этого все одинаково озвучивают и описывают: «И вышли, как водится, разбойники на большую дорогу и расстреляли проезжавшего 45-летнего рава Меира Авшалома Хая – жителя поселения Шавей-Шомрон».

И про доблестные спецслужбы: «израильские спецслужбы через день ликвидировали убийц. Прямо в Шхеме, в их гнездилище. Прямо в их домах».

И жизнь хороша, и жить хорошо.

Только надо быть умным.

Умный не увидит, что перед убийством рава Меира Авшалом Хая был убит Идо Зольдан – лидер и руководитель «Хомеш сначала».

Умный не увидит, что убитый рав Меир Авшалом Хай сосед Идо Зольдана.

Умный не увидит, что рав Меир Авшалом Хай – лидер и воспитатель молодых и воспитывал детей Идо Зольдана и других детей.

Умный не увидит общее в убийстве двух лидеров.

Умный не увидит, кто эти «арабы», способные в убийствах еврейских лидеров.

Умный не увидит, что по арабам был открыт огонь на поражение – замести следы.

Умный не увидит, что все правящие лидеры только такие, потому что другие лидеры убиты.

Умный не увидит огромный список убитых лидеров:

Убит Лапид с сыном – лидер поселенчества.

Убит Биньямин Кахане – лидер народный.

Убит Ганди – лидер политический.

Убит Рафуль – лидер политический.

Убит Меир Кахане – лидер народный.

Убиты сотни лидеров?

Или тысячи?

Убиты «арабами» и неарабами.

Это работа правящих большевиков.

Это единственное, что они умеют делать хорошо.

Убивать.

ПРЕРЕКАНИЕ – 20

В субботу после дневной молитвы, как обычно, повернул направо к моим деревьям, которые посадил, чтобы уходить в леса, когда начнут брать. Если прежде не убьют. За деревьями моя квартира на втором этаже.

А на дороге к моим деревьям ждёт меня человек. И так просто, как родного, спрашивает: «Где и когда ты молишься?» Похож он на предлагавшего мне тремп днём раньше, от которого я отказался. Что они сделают с телом после тремпа – огромный выбор при столетнем опыте убийств.

А в остальном я хоть раз отказал в чём-нибудь чекистам? Как меня ещё не записали местные диссиденты в пособники чекистам? Ау, диссиденты! Нету здесь.

Объясняю ему, что я скорбящий по маме, поэтому веду молитвы постоянные по времени и по месту. Он-то уж знает про маму и говорит: «Вашей маме девяносто». Это надо же – есть ему дело до моей мамы! Конечно, с мамой я дал ему более надёжное продолжение поговорить, поэтому ненадёжная зацепочка поговорить – «где и когда молитесь» – отпала.

Но это неувязочка. Кроме большой неувязочки – вот так приставать к чужому.

И поправил его с гордостью за маму, что ей девяносто семь. И рассказать во славу мамы есть что. И говорю, что ей хорошо добавили за её большие дела: спасла своих детей от нацистов, спасла от голода, работала для этого на стройках.

Рассказываю это, чтобы знали чекисты, что у еврея на первом месте спасение жизни, а не убийства, как у них.

И ни к селу, ни к городу, говорю про завоз неевреев. Один знакомый проходил возле нас, прислушался и что-то спросил меня про неевреев, и пока я отвечал, незнакомец слинял.

Ещё какая неувязочка – самая сильная! С родным так поступают?

Спросил я знакомого про ушедшего, знает ли его. Нет, ответил, не из нашего района.

Похоже, что и этот тоже генерал, ведь он сказал, что написал книгу о праведниках, когда я похвалился, что пишу книги, а уж чекисты знают, какие книги пишу. Я тоже знаю, о каких праведниках чекисты пишут. Которые делают контрольный выстрел, чтобы их жертва не мучилась.

Вот и поговорили на интеллектуальные темы.

Но простой чекист не отклоняется от задания. Не иначе – генерал.

Значит, уже принимают решение. Но решение давно принято и выполняется. Значит, последняя рекогносцировка на местности перед днём икс.

Выполнят безупречно.

Но будут, конечно, как всегда, вопросы.

Но отдел пропаганды, конечно, как всегда, справится с ними.

И вера в светлое будущее не пропадёт.

Даже у тех, у кого останутся вопросы.

ПРЕРЕКАНИЕ – 21

Первой отказалась со мной работать машинистка, которую попросил отпечатать на иврите письмо-листовку «Советским диктаторам».

Машинистка сказала, что такое печатать не будет.

Давно это было, тогда печатали на машинках.

Последним отказался Йёэль, последний редактор моего иврита, жил недалеко от Стены плача. По этой причине я всегда спешил к нему, даже если и не опаздывал, – ноги сами несут ближе к святости. Раз он спросил, почему я не опаздываю, тогда у меня не было этого ответа о святости, так брякнул что-то о своей пунктуальности.

Сидел он четыре раза, самая долгая его отсидка была два с половиной года. Русского не знает, но идеальный для моего иврита редактор – понимает с полуслова, что́ я хотел сказать.

Работать с ним одно удовольствие. Он правит мой текст, поясняет исправления, которые я сразу же забываю. Иногда, по ходу текста, вспоминает из случившегося с ним, с улыбкой, со смехом.

– Откуда у тебя эти параллели, похожести? – спросил уже после относительно долгого литературного знакомства.

Ответил:

– У приехавшего из той кэгэбэшни есть потрясательно интересный опыт узнавать её, как бы она ни ховалась.

Однажды попросил его проверить сделанную давно книгу «Прощай, Израиль... или Последняя утопия» о завозе неевреев и о нееврейском государстве.

Мы работали всегда вместе, и я видел, как с каждой страницей, его лицо становилось задумчивее. А он, всегда балагуривший во время работы, читал внимательнее, чем обычно, и молчал. Книга небольшая и уже проверенная ранее, поэтому закончили в несколько моих приходов.

Закончив, он сидел задумавшись. Я не мешал ему. Глядя не на меня, а в окно, которое всегда было перед нами, он сказал:

– А я думал, что каждый приехал со своими проблемами, которые постепенно утрясутся.

Мне нечего было добавить к прочитанной им книге и я молчал.

– Пока мы говорили о кэгэбэ, я был с тобой, но книга «Прощай, Израиль» о нееврейском государстве – я не с тобой.

Я ответил, что это государство фальшивое, все в нём обман и все обмануты.

Он, как и все, хотел быть обманутым, только не расстаться с мечтой. Этого я не сказал.

И я запел:

– Е-ру-ша-лаим зо-ло-той...

Самую популярную из всех песен государства, блистательной Наоми.

Пел, пародируя, с фальшивым упоением. Кто знает о двух кэгэбэшнях, тот понимает такое исполнение. Но он сомневался об этом кэгэбэ, а о том кэгэбэ только слышал, и без опыта двух кэгэбэшен не понял моего смеха.

Он впервые смотрел на меня зло – увидел надругательство над дорогим для еврейского сердца.

Я этого не ожидал. Я растерялся. Надо было, для его успокоения, пародировать любую бездарную песню о Москве из арсенала тамошнего кэгэбэ, но кто не понимает, что «Ерушалаим золотой» тоже из кэгэбэшного арсенала – гасить всякие сомнения о кэгэбэ, того не успокоить.

Оказалось, что я начал шутку, не видя её конца.

Шутка не получилась. И я ушёл огорчённый и виноватый.

А потом удачно подоспела его поездка за границу, потом переезд на другую квартиру, потом занятость из-за переезда. Всё это время отвечала на мои звонки только его жена, которую я встретил в городе через полгода, и мы раскланялись.

Ещё через полтора месяца она вошла в автобус и присела впереди меня на пару рядов.

Пронеслась мысль, что вот пропал этот текст, который уже был написан. Значит, не было сожаления, что последний редактор моего иврита не возвращается ко мне.

Уныло думал, что сейчас подойду к ней, она помнит меня, да и недавно раскланивались, скажу ей, что, если у её супруга есть время для меня, то пусть позвонит мне об этом. И тогда текст пропал.

Я встал с сиденья, приблизился к ней, наклонился к её лицу, поздоровался и сказал то, что уныло думал.

Как меня звать, спросила она. Я назвался и вернулся на своё место.

Подумал, что если бы сидел тихо, то сохранился бы текст.

Текст сохранился.

...А из глаз смертельно больной Наоми смотрела обманувшаяся душа.

Она-то понимала.

Одна из немногих.

Сказала, что если только раз победят арабы, нацисты покажутся ангелами.

ПРЕРЕКАНИЕ – 22

Между выборами 1977 года и выборами 1981 года я много раз видел интересного человека: врач-хирург, интеллигент, моложавый, энергичный, он участвовал в демонстрациях протеста, в собраниях в новых поселениях, говорил о тяжёлых проблемах после войны Ссудного дня. Он критиковал существующий режим, его слушали с интересом.

Он сильно хромал.

Хромота его была после дорожной аварии, по его мнению, не случайной, которую ему устроили.

На выборах 1981 года он участвовал со своим списком «Независимость», но не прошёл в кнессет.

Последняя авария критику режима, известная мне, – а мне известно только то, что известно всем и уже известно о многих таких авариях, – была устроена не самому критику, а его сыну, что ещё тяжелее для отца.

Давида Фейглина и его товарищей в машине смяла задняя машина. Их, пострадавших, вытаскивали из машины с помощью режущих по металлу инструментов. В сообщениях об аварии говорилось о пострадавших в машине, но не о водителе задней машины, с ним всё в порядке. Обычно сообщают обо всех пострадавших.

Но не в таком случае.

В таком случае задняя машина направляет переднюю машину на столб, дерево, забор и сминает её. Всё это близко у дороги и надо только чуть направить переднюю машину, чтобы она врезалась во что-то у дороги. Но не это самое страшное для передней машины; смятие её силой и тяжестью задней машины – настоящая катастрофа.

Потом объясняют невезуху водителя разными причинами, а также и дождиком.

Как в случае со Шломо – капитаном элитного подразделения «Саерет Харув», вина которого, что он сын рава Иегуды – главы ешивы, основанной равом Кахане.

Дождиком объяснили гибель боевого капитана.

А как объяснить, что такое происходит только с критиками режима и их детьми, но не с держателями режима и их детьми?

ПРЕРЕКАНИЕ – 23

В одной адвокатской конторе, в которую я иногда захаживал, мне показали на адвоката, сына которого солдаты убили по ошибке, приняв за террориста, как было официально объявлено.

Этот адвокат защищал в суде людей, пострадавших от судебного и полицейского произвола. Он – последователь и ученик рава Меира Кахане. То есть он критик режима.

За два дня до убийства, сын демобилизовался из ЦАХАЛа, завершив службу в элитном спецподразделении «Эгоз». Перед окончанием службы отличился в операции в Шхеме, в которой уничтожил опасного террориста.

Вина убитого солдата – что он сын такого адвоката.

В Интернете мне попалось сообщение, что отец уверен, что это было преднамеренное убийство.

Я тоже так считаю.

Таких убивают, и делают это после демобилизации, чтобы было меньше шума.

И я решил сказать ему об этом, чтобы поддержать его в таком горе.

В очередной раз, когда я был в этой конторе, подошёл к нему и сказал: «Я знаю, кто убил вашего сына». Он посмотрел на меня вопросительно. Я продолжил: «Могу принести вам мою книгу, она об этом». Он чуть кивнул головой.

В следующий раз я только за этим пришёл в контору. В руке была книга. Я открыл входную дверь. В глубине коридора ещё дверь, она всегда открыта, там за дверью – стойка, за ней сидит секретарша, она всех видит, кто пришёл. Сейчас на её месте сидел этот адвокат.

Я подошёл к стойке и молча протянул принесённую книгу. Он взял, внимательно разглядывая её. Я повернулся и пошёл на выход, закрыл за собой входную дверь, и вдруг вспомнил, что хотел зайти в туалет. Мгновенно снова открыл дверь и увидел, как адвокат быстро положил книгу на стойку и отдёрнул руку.

В туалет я прошёл, глядя в пол, и из туалета шёл на выход, глядя в пол.

Ошибкой солдат объяснили гибель боевого офицера.

А как объяснить, что такое происходит только с критиками режима и их детьми, но не с держателями режима и их детьми?

Но не менее интересно: чего боится отец, который знает, кто убил его сына?

ПРЕРЕКАНИЕ – 24

В этой кэгэбэшне не может быть оппозиция большевикам.

Оппозицию уничтожали без передыху ещё задолго до «альталены» и без передыху после «альталены».

Было много альтален, подтверждают большевики.

Будет много альтален, обещают большевики.

Оппозицию уничтожали и уничтожат израильским гулагом.

Уничтожали офицеров, поселенцев, не офицеров и не поселенцев и даже кибуцников.

Прореживали армию от способных, бесстрашных, прямых, честных, смелых, чтобы от армии не было опасности для власти большевиков. А что из-за этого будет больше жертв среди солдат в войне – так всегда есть хорошее еврейское мясо.

Прореживали поселенчество от лидеров, которые ведут за собой заселить Эрец Исраэль, чтобы от поселенчества не было опасности для власти большевиков. А что из-за этого поселенчество зачахнет – так оно им чужое дитя, есть у них родное дитя – кибуц.

Кандидатом на уничтожение будет и тот, кто ещё не думает плохо о власти, но власть уже думает о нём плохо – такого уничтожают. Заблаговременно.

В этой кэгэбэшне не может быть опальный академик Андрей Сахаров.

В этой кэгэбэшне не может быть писатель-диссидент Александр Зиновьев, открывший гомососа, который заполонил не Россию, а государство Израиль.

Два миллиона, покинувших кэгэбэшню, лучшее тому доказательство.

Но подрастают новые, которые ничего не знают, и израильскому гулагу есть работа всегда.

А не новые знают. Все знают. Всё знают.

Биньямин знает про «шальную пулю» для брата Ёни – способного, бесстрашного, прямого, честного, смелого командира.

Для большевиков такие герои лучше мёртвые.

И глаза Биньямина полны страха за свою жизнь.

Глаза всех полны страха за свою жизнь.

Знавшие, что их убьют и всё же не свернувшие с дороги, – очень редкие.

Пророк Кахане знал, что его убьют.

Его убивали до третьего поколения.

Очень наглядно.

А как объяснить, что такое происходит только с критиками режима и их детьми, но не с держателями режима и их детьми?

Обвал 2018 года в руках неба.

В руках находящихся на земле неповиновение, приближающее обвал.

ПРЕРЕКАНИЕ – 25

Было это в Суккот в Ашдоде. Незадолго перед теми выборами, когда там разгорелся конфликт между «новоприбывшими» и старожилами. Какой-то местный ликудник не прошел в какой-то список, он шумел и нагнетал конфликт.

Кроме этого, было там ещё и о завозе неевреев, что привело меня туда.

На центральной автобусной станции, в буфете, за столом сидели меньше десятка местных и несколько приезжих.

Организатор встречи, ликудник, с почтением встретил старика в кепке, усадил за стол, поставил перед ним полную закусок тарелку. Старик снял кепку, накрывавшую лысину, и кушал.

Вне сукки я мог пить воду.

Вдруг открылась широкая дверь, которой никто не пользовался, и медленно, как похоронная процессия, въехала телевизионная камера на колёсах, направленная на наш стол, а вокруг камеры несколько человек в медленном парадном шаге. Один склонился к камере и вёл её. Второй, сбоку, на длинной палке свесил перед камерой что-то волосатое. Третий, с другого боку, был за руководителя. Четвёртый, впереди, держал микрофон наготове, за ним волочился провод.

Камера подъехала к столу и объезжала его. Первым делом микрофон подсунули ликуднику, он говорил о сговоре местных русских, которые голосовали только за своего и этим его обокрали – в список «ликуда» он не попал. Потом говорил главный по борьбе против завоза неевреев – большинство завозимых невреи. Последним говорил человек из народа, лысый старик, «об этих русских».

Съёмка закончилась.

Руководитель съёмки увёл ликудника в сторонку и вправлял ему мозги, что приглашённые им противники завоза неевреев, – наши враги, а он таким поведением подыгрывает врагам государства.

Я подошёл к ним спросить у руководителя съемки, когда будет по телевизору. Руководитель посмотрел зло на меня и сказал: «В десять после выборов». И быстро отвернулся от меня, продемонстрировав ликуднику полное презрение к врагам.

Ни в десять после выборов, ни назавтра, ни по какой программе этого не было.

Но съёмка была. Для кэгэбэ – изучать слабости этих, которых уничтожать.

ПРЕРЕКАНИЕ – 26

Наш главный по борьбе против завоза неевреев собрал меньше десяти человек к входу в здание министерства внутренних дел. Мы стояли и держали плакаты.

Девиз демонстрации был: «Все мы ШАС». Министерство возглавлял шасник. Среди нас шасников не было, но этот девиз был актуальным в те дни.

Появился корреспондент с камерой в руках, фотографировал нас, потом мы обступили его и он снимал, что говорил наш главный.

После выступления нашего главного корреспондент складывал своё оборудование, а мы разошлись по своим местам и снова подняли плакаты.

Вдруг я вспомнил что-то важное, что надо было ещё сказать корреспонденту, и подошёл к нему:

– Послушайте, у меня есть дополнение к сказанному.

Он посмотрел на меня зло – нееврейское лицо из той кэгэбэшни.

– Встаньте на своё место, – скомандовал он.

Я выполнил его команду – развернулся и встал на своё место.

Фотографии появились в одной газете.

Державшие транспаранты выглядели смешно.

ПРЕРЕКАНИЕ – 27

31.8.2010 в вечерний час было сообщение о теракте возле перекрёстка Бани-Наим. Там расстреляли из засады Ицхака и Талью Имас из поселения Бейт-Хагай и двух тремпистов в их машине.

Это был канун переговоров с арабами в Нью-Йорке. Самолёт премьера приближался к американскому берегу, и он не развернул его обратно, и сказал, что террор не остановит переговоры.

Всегда накануне переговоров с арабами соблюдалось «правило» – убивали евреев, чаще – известных в поселенчестве.

И все премьеры говорили то же самое.

Убийцы всегда действовали чисто, в их работе в такие дни были только удачи.

Арабы так не могут.

Уже после двух таких канунов переговоров поселенцы уловили это «правило» и были в такой период особенно осторожны: заканчивали дела засветло; передвигались вместе в нескольких машинах, держа оружие на изготовку; старались ехать автобусом или в сопровождении армии.

Арабам, чтобы соблюсти такое «правило» – убить евреев в канун очередных переговоров, требовалось уже десятки засад, чтобы найти хоть какого-нибудь, завалящего, совсем не выдающегося еврея.

Для арабов не имеет значение, какого именно еврея убить.

Главное – убить.

Но десятки засад – такой возможности у арабов нет. А без этого не соблюсти «правило».

Да ещё с убийством выдающегося еврея!

Такая возможность – устроить целевую засаду на поселенческого лидера – только у тех, кто знает обо всех передвижениях, по всем дорогам, между всеми поселениями.

Арабы этого не знают.

Но для чего арабам соблюдать такое «правило»? Ничего это им не даёт.

Прикрывать кого-то, кто убивает евреев от их имени, – надо это арабам? Но и шуметь, что это не они, тоже не солидно для любителей убить евреев. Остаётся одно – помалкивать, то есть брать на себя.

Лишняя слава не мешает.

И «правило» это соблюдалось обоими сторонами перед всеми переговорами. Оно давало возможность списывать на арабов все предпереговорные убийства.

Такой случай нельзя упускать и не убить на счёт арабов.

Для арабов убить еврея всегда хорошо, но зачем большой риск в период повышенной бдительности евреев?

Дальнейшие сообщения об убийстве Ицхака и Тальи Имас перед началом последних переговоров с арабами тоже опровергают первое сообщение про арабов-убийц.

Так просто, много раз, арабам попался выдающийся поселенец?

Ицхак Имас, уж если не первопроходец на Храмовую Гору, то первопроводец людей на неё и по святым местам в Эрец Исраэль.

Ицхак Имас мешал арабам?

Им мешает любой еврей.

Нет, Ицхак Имас мешал тем, кто мешал ему подниматься на Храмовую Гору.

Какие удачливые эти арабы! К огромному списку убитых выдающихся поселенцев добавили ещё одного выдающегося, не говоря об огромном числе убитых арабами выдающихся евреев вообще.

У арабов, сидящих в засаде, есть выбор, кого убивать?

Выбирают те, у которых списки на уничтожение.

А контрольные выстрелы?

Нужно это арабам?

Контрольными выстрелами заметают следы, чтобы никаких свидетелей.

А арабам не надо заметать – ведь всем известно, что это их работа. И никакие их опровержения не помогут.

Арабам надо смыться, как можно быстрее, потому что за ними могут погнаться сейчас же и неизвестно откуда.

Будут арабы рисковать приблизиться к подбитой машине, из которой могут ещё и выстрелить?

Приблизятся только те, кому можно не спешить и знающие, что у их жертв в машине нет оружия. А это известно только тем, кто конфисковали оружие у Ицхака Имаса два раза и во второй раз окончательно.

И делают контрольные выстрелы не спеша, тщательно. Знают, что за ними никто не погонится, потому что предварительно подготовят и тыл.

У арабов нет широкой и глубокой подготовки на местности.

И надо арабам убивать евреев именно перед переговорами?

Они давно знают, что это не мешает переговорам и никакими убийствами переговоры не остановить.

Всем премьерам немедленно сообщали про убийство перед их переговорами и все они ответили одинаково, что главное переговоры.

Такие убийства нужны только тем, кто ведёт евреев к этим переговорам.

Арабы никого не ведут к переговорам.

Такие убийства нужны, чтобы иметь ещё одну возможность убить противников – на счёт арабов.

А в этом убийстве ещё и прополоть ненавистных поселенцев, чтобы у них не было лидеров в день икс.

А как объяснить, что такое происходит только с критиками режима и их детьми, но не с держателями режима и их детьми?

Держатели режима это те, кто безнаказанно убивают.

На этом я поставил точку.

14.9.2010 на «Седьмом канале» (7kanal.com) была новость «Кровь Ицхака Имаса – на руках чиновников полиции». К этой новости я поставил комментарием этот текст, сделанный до той точки.

Свои тексты в качестве статей я не предлагаю редакции. В качестве комментариев проходит, но и на это чекисты огрызаются.

С другими редакциями вообще дела не имею.

Видел в Интернете, что один пахан арабских террористов арестовал троих арабов-террористов, «совершивших теракт». Что он сказал – не имеет значения. И что сказали соперничающие паханы об арестах – тоже не имеет значения. Сводят счёты между собой.

И подыгрывают. Потому что своих братанов по террору они никогда не арестовывают – ну, уж если только попросит очень вторая сторона. Да и чтобы вторая сторона не возражала, что арест будет символическим. А уж у них всегда есть друганы, которых они арестуют.

И это тоже не имеет значения.

Имеет значение только то, что сделали израильские спецподразделения.

17.9.2010 было сообщение, что уничтожен один из главарей ХАМАСа и задержаны еще двенадцать террористов из различных террористических группировок, а уничтоженный боевик был одним из организаторов теракта.

И ещё через несколько дней ещё сообщение, что уничтожены два террориста замешанных в теракте.

Вот так просто доказывают убийство Ицхака Имаса арабами.

А куда записать троих арабов-террористов, «совершивших теракт», которых арестовал их пахан?

22.9.2010 на «Седьмом канале» в статье «Изменить нельзя», а в ней примечание, что статья опубликована в газете «Новости Недели» 16.9.10, есть строчки: «Еще утром Наташа, когда звонила родственникам, жаловалась, что слышала выстрелы по их машине на шоссе.

Террористы целый день сидели в засаде, поджидая именно Имасов?»

Машину семьи Имас обстреляли первый раз ещё утром, второй раз вечером и убили. Целый день по другим машинам не стреляли. С утра до вечера арабы соблюдали пост – не испить еврейской крови?

Нет таких арабов.

А если есть – такие арабы заказаны не арабами.

Или это не арабы.

Догадка автора статьи, что убийцы ждали именно семью Имас. Догадка завуалирована вопросительным знаком в конце предложения. Ведь без вопроса это предложение такое – «Террористы целый день сидели в засаде, поджидая именно Имасов».

Разве будут арабы целый день держать засаду и рисковать, если в еврейском поселении уже известно о стрельбе?

Не будут.

А не арабы – будут.

Тут же, на «Седьмом канале», я обратился к автору статьи и к родственникам погибших откликнуться на мою просьбу – связаться с ними. Мне не ответили. Но мою просьбу они видели: авторы обычно читают отзывы на свои статьи и родственники – читают отзывы про родных.

Но кто я такой, чтобы со мной связываться?

Это верно только относительно автора статьи.

Но разве родственники не хотят рассказать известную им правду всему свету? Горе-то какое – потерять родных и любимых! А у них есть правда об этом горе. Так чего бояться после такого горя?

Это только поначалу они хотят рассказать правду, но чем дальше, тем больше боятся за себя. Правды своей они боятся.

За правду убивают.

Все знают, что свидетелей убивают.

Если бы убийцы были арабами, евреи не боялись бы.

А боятся евреи потому, что знают – убийцы не арабы.

Вот это страшно.

Того же, своей догадки, своей правды, боится и автор статьи. Поэтому прикрывает правду спасительным вопросительным знаком.

Правду лучше не знать.

Никакую прессу, кроме «Седьмого канала», семья Имас на похороны не допустила. Родственники убитых хотя бы этого не побоялись.

Большевистская пресса – те же убийцы – от пера.

25.9.2010 на «Седьмом канале» в статье «Место встречи – изменить!» тоже упоминались Ицхак и Талья: они с детьми, перед погромом в Гуш-Кативе, переехали туда и поселились в караване, чтобы участвовать в сопротивлении.

Такие в списках на уничтожение.

И к этой статье я поставил свой текст до той же точки – в качестве комментария.

После этого автор статьи поставил свой комментарий, что арабы не будут брать на себя такие убийства, как рассуждает Бабель, но с удовольствием сообщат всему миру, что евреи убивают евреев.

Я предложил автору прочесть на «Седьмом канале» в статье «Британский терроризм против выживших в Катастрофе»: «Сэр Стюарт Мензайс, возглавлявший в тот период секретную службу, предлагал, чтобы все эти случаи (террор англичан против евреев – М.Б.) сваливались на специально для этой цели изобретенную арабскую террористическую группу "Защитники арабской Палестины"».

Но в комментарии автора было и неприятное: «А вообще, мне кажется, мы слишком много говорим о криминальной стороне дела – не убиваем ли мы тем самым Ицхака и Наташу – да отомстит Всевышний их кровь! – второй раз?»

Нет, мы не убиваем.

Нас убивают.

Не всех.

Поэтому я и говорю о криминале.

Я успокоил автора, что он не в списке на убийство.

Поставил маленький вопросик, что убивают, и перетрухал от своей смелости. Таких прощают или приручают.

Об убийствах я знаю только то, что все знают.

Но однажды подсчитают убитых – лидеров поселенчества и общеизраильских лидеров «арабами» и тысячами всяческих «случайностей», вплоть до смывания Рафуля «волной».

С предварительным проламыванием черепа.

Во имя светлого будущего.

И народ исраэльский (не израильский!) ужаснётся.

И начнётся отсчёт времени исраэльского (не израильского!).

ПРЕРЕКАНИЕ – 28

26.10.2010 на «Седьмом канале» (7kanal.com) к статье «Памяти друга» об Ицхаке Имасе я поставил мой расширенный комментарий, в котором анализирую его убийство, как одно из тысяч таких убийств.

А уже на следующий день 27.10.2010 в шесть вечера в дверь ко мне постучали. Я сидел у компьютера в моём закутке, который рядом с кухней и входной дверью. Постучали, как это делает тихо мой сын, живущий со своей семьёй через дом от меня. Стук я слышал, но был занят, а дочь крутилась в кухне – ей и открывать на знакомый стук брата.

Дочь открыла, но сын не вошёл, и я услышал, что у входной двери какая-то заминка. Два шага – и я у двери.

По ту сторону двери на лестничной площадке стояла привлекательная молодуха и рукой прижимала к груди папочку, а ладонь сунула под мышку другой руки.

На лестничную площадку поднимались соседи из квартиры напротив.

В ответ на моё вопросительное лицо молодуха сунула мне под нос свободной рукой табличку, которые носят на груди на конференциях и выставках. Наверное, табличка была с её портретом, я не разглядывал театральный реквизит.

Смотрел только ей в лицо, которое объяснит, что происходит. Она излишне настойчиво тараторила: «Я Рут, из министерства транспорта, провожу опрос о качестве обслуживания на транспорте».

Ответил ей: «Я в этом не участвую. Напишите, что Михаэль из шестьдесят шестой квартиры, – я показал на номер на двери, – очень доволен транспортом, Эгедом и вообще». Её настойчивость передалась мне и я говорил тоже быстро, и смотрел ей в лицо, не отрываясь, но, при этом, закрыл дверь уже больше чем наполовину и телом закрыл, не знаю для чего, обзор кухни.

У двери соседей было шумно.

Молодуха не соглашалась со мной, возражала, что так не поступают. Её лицо потемнело, съехала с него красота, оно стало суровым от неудачи, ведь ей держать ответ перед генералом. В такой напряжённый момент моего отказа и необходимости для неё уговорить меня, было заметно её скрытое желание обозреть кухню, где было что-то странное для её пытливого взгляда, и её глаза стрельнули в кухню.

На деревянной лавке стояло много чёрных винных бутылок. Несколько дней назад я разлил по бутылкам из бочки вино собственного производства и ещё не убрал. Может быть, они похожи на бутылки «молотова»? Я не знаю, как те выглядят.

Её кокетливое вначале лицо, чтобы заманивать людей к опросу, теперь было без искорки красоты и серьёзное. Она, уже без кокетливости, быстро вернулась к требованию участвовать в опросе, а я повторил своё нежелание.

И закрыл дверь перед самым её носом.

Теперь надо было пройти по соседям и опросить, была ли молодуха из министерства транспорта. Соседских квартир всего восемь: в одной – не живут, в двух – никого не было, ещё в две – стучать не хотелось, а в трёх – ответили, что не было такого.

Обвинение меня министерством транспорта, что молодуха чуткий человек и столкнувшись с моим нежеланием участвовать в опросе, сразу же ушла из-за меня с этой работы, – не получится.

Решительно заявляю, что, несмотря на мои слова о нежелании участвовать в большевистской провокации, на самом деле, участвовал в опросе: назвал своё имя, показал номер квартиры, дал хороший ответ, который можно записать и идти дальше по квартирам.

Но она не пошла.

Так зачем ломиться в открытую дверь подлежащего уничтожению?

Ведь опрос начинают не с моего третьего этажа, а снизу, с первого этажа, или сверху, с пятого этажа, куда она не заходила, что доказали два соседа ниже меня, с первого и второго этажа, и один сосед выше меня, с пятого этажа, которые показали об этом.

А настойчивость, с которой молодуха требовала моего участия в опросе, можно было бы объяснить её желанием заработать, ведь иногда платят по числу людей, охваченных опросом, но она никого не охватила, кроме меня, который в списке на уничтожение.

А что она держала в руке под мышкой, которую не вынимала всё это долгое время разговора, что очень неудобно?

Может быть соседи из квартиры напротив и моя дочь помешали молодухе вынуть из-под мышки руку с пистолетом.

Через три дня, митинг памяти Ицхака Рабина – ещё одна попытка убить к сходняку убийц убиенного.

Крови они хотят.

Ритуальной.

На празднике идолопоклонников.

И так из года в год требуют крови.

Моей.

Чтобы праздник был праздником!

Это только один способ из тысячи способов убить по методу израильского гулага.

ПРЕРЕКАНИЕ – 29

23.11.2010 на «Седьмом канале» (7kanal.com) новость:

«В посёлке "Ишув ха-Даат", в Шомроне, по невыясненным причинам, сгорел дотла, со всем находившимся в нем имуществом, дом Меира Бретлера, основателя поселения, лидера молодежных поселенческих движений "Молодёжь холмов" и "Возвращение в Иерихо". У 24-летнего Меира Бретлера и его жены трое малолетних детей; этот дом они построили шесть лет назад, своими руками, при помощи друзей, принципиально не нанимая арабских рабочих».

Всё моё знание о Меире – из этой короткой новости. Мне этого достаточно, чтобы понять, что он в списках на уничтожение.

У Меира Бретлера есть похожее с убитым Идо Зольданом – лидер молодёжного поселенческого движения «Хомеш сначала». Меир тоже лидер молодёжных поселенческих движений.

У Меира есть похожее и с убитым Ицхаком Имасом – лидер, который призывал евреев на Храмовую гору, игнорируя присутствие арабов там. Меир тоже лидер, который игнорирует арабов.

Но этого достаточно только для таких, как я, которых раз, два и обчёлся.

Поэтому я начал обзванивать координаторов, их телефоны были в новостях на следующий день, они собирали помощь погорельцам. Хотел выйти на Меира, чтобы спросить, было ли раньше ещё что-то подобное случившемуся.

Два координатора были не многословны, неохотно слушали мою просьбу поговорить с Меиром, номера его телефона у них не было.

Третий координатор знал меня по моим комментариям на одном форуме, но телефона Меира у него тоже не было. Но в разговоре выяснилось, что он бывает в том ишуве по своим делам каждый шестой день недели, и в один из его приездов был этот пожар.

– Понимаете, – обрадовался я, – в моей последней книге я пишу о таких случаях, об убийствах подобных Меиру людей. Убийства скрывают под видом разных случайностей. Вот и пожар мог быть тоже такой случайностью, если бы удалось уничтожить Меира.

– Нам только вред, – возразил координатор, – если шуметь о недоказанном. А про пожар можете посмотреть на моём сайте.

Кому это «нам»? Ну это ещё можно понять, то есть всяким критикам. Но какой это вред? – совсем не понять. И кто шумит о не доказанном? И где слышен этот шум – в радио, в телевизоре?

Не слышно шума даже о доказанном.

В кэгэбэшне полный порядочек.

А уж какой шум от моих книг!

Смешно.

Координатор возражал мне, но причислил меня к какому-то общему нашему лагерю. Это верно, для многих я сгожусь.

Но я нигде не встретил, хотя бы одного, кого мог причислить к моему лагерю.

Координатор был для меня единственным, чтобы выйти на Меира с рекомендацией, потому что наверное, как и все, опасается провокаторов.

Мне хотелось показать, что моя книга серьёзная и я сказал:

– Один из последних рассказов в книге об убийстве Ицхака Имаса.

– Семья Имас мои друзья, – сказал координатор.

– Ваши друзья? – обрадовался я везению. – Может, вы знаете, каким родственникам звонила Талия Имас о стрельбе по их машине утром?

– Не знаю. А откуда вы знаете о звонке и о стрельбе?

– Прочёл на «Седьмом канале» 22.9.2010. Вот абзац в моём рассказе об этом, взятый из статьи: «Еще утром Наташа Имас, когда звонила родственникам, жаловалась, что слышала выстрелы по машине на шоссе. Террористы целый день сидели в засаде, поджидая именно Имасов?»

– Так мало ли что пишут! – засмеялся координатор не над тем, как пишут, а надо мной.

– Это из статьи «Изменить нельзя», которая была на «Седьмом канале», а в ней примечание, что статья опубликована в газете «Новости Недели» за 16.9. 2010.

Тон мой изменился, я говорил неуверенно.

– Да вы что, разве можно брать газетную непроверенную информацию? – продолжал он корить меня.

Я растерялся, но возразил:

– Это же факт, такое не придумывают.

– Какого числа вы говорите? – спросил он.

– Шестнадцатого числа девятого месяца.

– Подождите, я сейчас открою... Да, вот, вижу... Ах вот кто автор, так он...

Я чувствовал, что оправдываюсь, потому что начал объяснять, как это произошло:

– Здесь же на форуме, где была статья из газеты, я обратился к родственникам, которым звонила Талия, и к автору статьи, который написал об этом звонке и о стрельбе по машине. Хотел спросить их о подробностях, но они мне не ответили. Вы знаете родственников, которым она звонила? – спросил я.

– Нет, но я спрошу людей, которые знают об этом, если это было.

В последних его словах я слышал упрёк, что этого не было и он докажет мне это. Я был повержен, но повторил просьбу связать меня с Меиром:

– А про Меира не забудете? – попросил я.

– Буду там через неделю, но это разные концы ишува. – Он помолчал и закончил холодно: – Ничего не обещаю.

Чувствуя, что он сейчас закроет телефон, быстро предложил:

– Загляните на мой сайт, там я написал про Ицхака Имаса. Хотелось бы знать ваше мнение.

Закрывая телефон, он отмахнулся от меня:

– Может быть, но я очень занят, у меня много дел.

Я сразу же пошёл на его сайт.

Там на одной из страниц координатор написал про пожар, на который он прибежал с другого конца ишува.

Из его описания пожара меня заинтересовало вот это:

«Чтобы уничтожить деревянный домик со всем содержимым, огню понадобилось 20-30 минут. Слава Богу, семья с 3-мя детьми была в гостях. Огонь распространялся очень быстро и полз к оливам. Воды почти не было. Всё, что смогли, направили на перекрытие огню дороги к оливам. Один парень, который был там первым, считает, что пожар начался от входа, который смотрит на восточное ущелье. Караван стоял входом к оливам и ущелью, и "задом" к остальному "Ишув-ха-Даат". Причины пожара вряд ли будут выясняться. С моей точки зрения, 50 за арабский поджог, 50 за несчастный случай. То, что сгорел крайний караван, в котором никого с утра не было и подход к которому не виден из остальных домов, делает эту версию реальной».

Версия о пожаре, что это дело рук арабов, – реальная в случае только с рядовым поселенцем, но не в случае с Меиром Бретлером, основателем поселения, лидером молодёжных поселенческих движений «Молодёжь холмов» и «Возвращение в Иерихо».

В случае с Меиром только одна версия реальная – дело рук евреев, рука государства. Но большевики – какие же они евреи! Поэтому остаётся только рука государства.

Иначе, придётся списать (в который раз!) и это покушение на арабское везение в покушениях на выдающихся евреев.

Чтобы укрепить версию о руке государства, нужны были факты.

Пожар был в день шестой утром. В этот период года день короткий, а день шестой, для верующего человека, ещё короче. Это имеет значение при анализе фактов.

Хотел спросить Меира: были ли обычными для них эта поездка перед шабатом и ночёвка вне дома или это было исключение из их правил? И было ли ещё что-то, подобное этому происшествию, похожему на покушение?

И я стал ждать звонка координатора.

Через неделю он позвонил:

– Вы правы, – начал он нормальным тоном по сравнению с нервным предыдущим разговором, – Наташа Имас звонила. Я их спросил. Они знают об этом её разговоре. Ей послышалось, что лопнула шина. Они решили об этом не говорить.

Закончил он, как отрезал, не желая дальше обсуждать.

Так шина-то не лопнула. В чём логика не говорить о том, чего не было?

Значит, решили не говорить о шуме выстрелов.

Знают, что выстрелы не арабские.

Вот это страшно.

И страшно говорить о страшном.

Потому что знающих о страшном убивают.

Вот и решили не говорить.

От страха.

И тоже эти промолчат о преступлениях государства.

Ещё несколько человек прибавятся к огромной молчащей армии.

А расспрашивать их никто не будет.

Никто не даст им говорить перед микрофоном.

Никому они не нужны, кроме меня.

И слушать их никто не будет.

Опять же, кроме меня.

Так кому они решили не говорить?

Это только мне решили не говорить.

И опять же от страха.

Я чувствовал, что нарвусь на грубость, если буду пытать про них.

– А что с Меиром?

– Я встретил его жену, они не хотят привлекать к себе внимание.

И эти в страхе перед государством страха.

Значит, не случайный пожар. А пожар, за которым что-то видно. И они молчат. Возможно, дело не только в одном этом пожаре.

Для меня его ответ не был неожиданным.

Политические лидеры в мире не боятся привлекать к себе внимание. Гирт Вильдерс рекламирует антиисламизм, не боится ни арабов, ни своих.

Но здесь страшно. Боятся не арабов, боятся своих. Это когда страх ощущается кожей. Молодая, неопытная – что она знает вообще? Но кожей чувствует – страшно.

Если я ей скажу, что её муж в списке на уничтожение, она возмутится, потому что она уверена, что они хорошие, всё делают открыто. А случается что-то только с нехорошими.

А вот как случается – она не хочет знать.

Не случайный пожар делает их нехорошими не только в их собственных глазах.

– Вы заглянули на моём сайте про Ицхака Имаса? – спросил я.

Он повторил прежнюю отговорку, что очень занят. Я поблагодарил его. Он закрыл телефон.

Ему тоже страшно, дальше версии про арабов не заглядывает.

А кто вообще заглядывает в страшное?

Прошёл месяц.

7.3.2011 на «Седьмом канале» новость, воплощённая не только текстом, также и с фильмом, о диспуте в студии телеканала «Кнессет» по поводу погрома на ферме Хават-Гилад, где силовики от власти стреляли в безоружных евреев, пока пластиковыми пулями.

Среди участников диспута Меир Бретлер!

А как же не привлекать к себе внимание?

Ну да, пожар случается у нехороших, а к микрофону приглашают только хороших.

На этом телеканале охват гомососов в сто раз меньше, чем в центре промывания мозгов – на втором телеканале.

Куда его никогда не пустят.

Он не видит этого.

Его вытащили к экрану, чтобы нежелательный лидер запомнил пожар и ещё что-то, случившееся с ним, как житейские случайности.

Меир заявил: «Тот, кто уверен в законности и в нравственной чистоте своих действий, – не должен скрывать лицо маской, а действовать открыто, с гордо поднятой головой. Полиция трусливо прячет лицо под масками, и это говорит о многом».

Он не отрицает «законности и нравственной чистоты» у полиции, которой стоит только воспользоваться его советами, и это к ней вернётся.

Легко журит беззаконие полиции: «Это говорит о многом».

Молодой, неопытный – что он знает вообще? Для него это государство идол, недостатки которого он хочет исправить.

Если я ему скажу, что он в списке на уничтожение, он возмутится, потому что уверен, что они хорошие, всё делают открыто. А случается что-то только с нехорошими.

Дай Б-г здоровья Меиру однажды дописать это пререкание. Или ещё я допишу?

ПРЕРЕКАНИЕ – 30

4.5.2011 на «Седьмом канале» (7kanal.com) новость: «Вышедший в отставку бывший глава Шабака Юваль Дискин назвал правый экстремизм в еврейской среде одной из главных угроз государству».

Все угрозы государству нужно уничтожать. Иранская атомная угроза пока ещё не уничтожена только из-за отсутствия удобного момента.

А уж что говорить о безоружных евреях, представляющих угрозу?

Убивают.

11.5.2011. Новость на «Седьмом канале»: «Выступая с лекцией перед членами академического клуба предпринимателей в Тель-Авивском университете, недавно завершивший свою каденцию бывший глава Шабака, Юваль Дискин заявил, что, по его мнению, "еврейский террор – хуже арабского"».

Что такое арабский террор и против кого он – понятно и без объяснений, что он против евреев – они его жертвы.

А вот что такое еврейский террор и против кого он – не понятно и не объясняют. Ведь нет ни арабских, ни еврейских жертв «еврейского террора», как нет самого «еврейского террора».

Но есть страх большевиков перед евреями: евреи – это «еврейский террор».

Арабский террор уничтожается частично: иногда для запугивания арабов, но чаще – показательно: пустить пыль в глаза населения, запуганного арабским террором. Но никогда не уничтожается в корне.

Арабский террор нужен.

А вот страшный «еврейский террор» уничтожается в корне израильским гулагом.

Убивают.

Таких полуоткровений тысячи, они возможны только там, где все знают об убийствах.

Чем эти полуоткровения отличаются от этого давнишнего откровения Бен-Гуриона?: «Или они, или мы, для их уничтожения можно использовать всё, всё дозволено».

А вот чем: «старик» не стеснялся.

ПРЕРЕКАНИЕ – 31

Убить меня пока не удалось чекистам. В покушении 6.7.2003 уберёг Всевышний.

Засудить меня тоже пока не удалось, последний протокол суда 13.6.2006 о трёх годах тюрьмы только на бумаге. И в этом Всевышний.

Семь моих книг, античекистских, антибольшевистских, антикэгэбэшных, находятся в интернете, я оживляю их моим наличием.

В этом рука Всевышнего.

Я оживляю их и на форуме «Седьмого канала» (7kanal.com), где иногда комментирую происходящее в кэгэбэшне и мои комменты иногда дополняю строками из моих книг.

Но с автором семи книг, античекистских, антибольшевистских, антикэгэбэшных, надо расправляться до следующего покушения.

И 20.3.2011 чекистский интернетный отдел выплеснул против меня сто двадцать комментов к одной статье, не моей и не обо мне. Комментов было бы больше, если бы статья не ушла в архив.

Я отвечал только главами из моих книг и успел выставить шесть с половиной книг.

Выдержки из выступлений ведущего чекистское «собрание»:

«Вечный штинкер, как всегда воняет. Глядя на Страну издалека. Штинкер Бавл чекистами пугает И как вор вопит:"Держи вора!"» (Так написано!)

«Пререкание штынкера Разносчик пицы-киллер, девчонка из статбюро-киллер, лечащий врач-киллер, за ним ходит человек с рюкзаком звукозаписывающей аппаратуры... на улице вокруг дома дежурят десятки автокиллеров... в овощной лавке его пытается облучить киллер-смертник». (Так!)

«Семьям и друзьям Меира Бретлера, Ицхака Имаса и пр. будет полезно почитать,ЧТО он о них говорит». (Так!)

«Говорю не как любитель докладных штинкера, именуемых им "творчеством", а как один из немногих ,прочитавших труды пишетеля, в том числе и в переводе на иврит». (Так!)

«Ивритские Авторы в отличие от штинкеров никого не боятся, не сочиняют страшилки о жутких чекистах, наводнивших Страну, не вопят о покушениях на них, а факты которые приводят, куда как серьёзнее, чем "киллеры-молодухи"... Бен-Гурион: "Или они, или мы, для их уничтожения можно использовать все, все дозволено"... Лидер Аводы Эфраим Снэ: "Внутреннее противостояние неизбежно, и если в Израиле разразится гражданская война, и будет пролита кровь – это будет меньшая цена, чем та, которую мы платим за конфликт с палестинцами"... М. Негби: "Возможна ситуация, в которой я скажу: нужно избавиться от этой части общества. И тогда гражданская война меня не испугает"... Меир Шитрит: "Мы избавились от Жаботинского и Берла Кацнельсона"... Элиягу Голомб, глава Хаганы, Менахему Бегину в 1944 г.: "Не важно, что мы сделаем первый выстрел в гражданской войне. Пропагандистский аппарат – в наших руках, мы будем направлять пишущего историю. Всегда вы будете виноватыми в войне между братьями"... И. Рабин: "Я долбал их на корабле, долбал по тем, кто плыл к берегу"... Проф. Й. Лейбович: "Я призываю вас взяться за оружие, ответить им (поселенцам) огнем. Да, взяться за оружие", "Солдаты ЦАХАЛя – иудео-нацисты"... Проф. З. Штернхаль: "Только тот, кто готов пойти танками на Офру, сможет остановить эту фашистскую лавину"... Проф. М. Циммерман: "Дети Хеврона – Гитлерюгенд". У. Бензиман: "Поведение поселенцев, "ноар ха-гваот" ("молодёжь холмов") напоминает поведение бритоголовых в Европе и США"... Генерал Ш. Газит: "Религиозные солдаты напоминают мне нацистов"... Скульптор Игаль Тумаркин: "Видя ультраортодоксов, я понимаю нацистов"» (Так!)

«Форумчанам давно пора повнимательнее познакомиться с автором "обвала" поближе. Итак, что имеем в деле "о покушении"? Человека на 4-ом этаже у которого было что-то в руках. Проехавший мотоцикл. Можно перечитать 1000 раз. Было покушение? Это ПОКУШЕНИЕ?! А дальше жалобы в кегебешную полицию, газеты, радио, госконтролёру, президенту, МВД, премьеру, председателю кнессета – всей гебешне в поисках справедливости, надо полагать... Кого-то удивит, что прокуратура решила, что вся шумиха с "покушением" – рекламный трюк перед выходом книги?» (Так!)

«Почему не покушаются на Аэцни, Хазони, Софью Рон, проф. Эйдельберга, Ури Мильштейна и многих-многих иных авторов, публицистов, историков? Они "не мешают" власти?» (Так!)

«В 2003 г. Бабель сочинил проарабскую туфту "Статистика скрывает будущую катастрофу". Смысл прост: евреев в Стране не более 20-25%. Остальные – сброд». (Так!)

«Редакцию я поблагодарю, когда она начнёт печать "Пререкание" Бабеля. Его-таки НАДО ЧИТАТЬ. И обсуждать». (Так!)

«Дорогие поклонники М. Бабеля, я догадываюсь, что благодаря сочинениям Бабеля, вы узнали о расстреле Альталены и имя того, кто отдал приказ-КГБ, и имя того, кто исполнил приказ – КГБ. То же относится и к убийствам от убийства р. Кахане до покушения на ныне первого в расстрельном списке – М. Бабеля» (Так!)

«Из неопубликованных пререкалок. Дело номер 14079-08-10 Суд по мелким искам, Ирушалаим. Михаэль Бабель против Банка Мизрахи Тфахот. Иск на 140 шах. Дело номер 4634/02 Михаэль Бабель против телефонной компании "Партнер" Денежный иск. Дело номер 1488/03 Михаэль Бабель против Государства Исраэль. Иск: пистолет стоит 1000 шах, патроны-450 шах. И никаких кгб, обезоруживания перед покушением». (Так!)

«И куда все форумные литературные критики подевались? Столько препиралок и ни единого обсуждения литдостоинств. Может надо перейти к напечатанию "Шмоков"? Так тут ещё бодалки не обсуждены». (Так!)

«И дело не только в отсутствии не таланта даже, а элементарных способностей, слуха, вкуса, образования. Сочинения Бабеля-донос на Бабеля. Теперь бодалки собраны здесь. И есть возможность обсудить их здесь». (Так!)

«Наконец-то здесь будет филиал авторского сайта Бабеля и все поклонники его начнут обсуждение натворённого Бабелем. Пока интерес к сочинизму проявляет один "бесноватый отдел".А своё мнение я давно сформулировал. Но жду и обещаю: скучно не будет». (Так!)

«Так есть тут хоть ОДИН поклонник, который прочёл то, что Бабель тут напечатал?» (Так!)

«Я предлагал редакции создать на форуме "Отхожее место". Бабель медленно, но верно превращает филиал своего авторского сайта на СК в то самое "Отхожее место"». (Так!)

«Читал и читаю» (Так!)

Выдержки из выступлений поддержавших меня на чекистском собрании:

«Бабель, перестаньте отвечать этому придурку. Без обратной реакции оно скоро сойдёт на нет». (Так!)

«ОН и ЕГО хозяева уже понимает насколько "МЕРЗКО" положение предателей евреев и в целом противно евреям, которые вынуждены это терпеть!» (Так!)

«Спешите ЕВРЕИ, пока Всех Правых комментаторов Не успели раскулачить агенты ГБИ!» (Так!)

«Весенний понос продолжается». (Так!)

«ОБЩИЙ СЧЕТ – 60 : 31!... По количеству штафных очков Победа присуждается Михаэлю Бабелю!» (Так!)

Председатель чекистского собрания – не форумный чудик, не интернетный трудоголик. Это чекистский интернетный отдел. Как там было, так и здесь. Почти теми же словами.

Так говорят прокуроры, судьи, государственные чиновники, полиция, их свидетели: врут, искажают факты, замалчивают правду, приписывают небылицы, заготавливают компроматы.

Только в тоталитарном государстве возможно такое собрание.

А в тоталитарном государстве ещё и убивают.

Значит, убивают.

Что и требовалось доказать.

(Протокол собрания хранится на «Седьмом канале» (7kanal.com):

http://www.7kanal.com/article.php3?id=281265)

ПРЕРЕКАНИЕ – 32

Обращение к издательству.

Предлагаемая книга «С закрытыми глазами, или Неповиновение».

Описание книги:

Покушение, камера предварительного заключения, полиция, следователи, суд.

Книги Михаэля довели его до жизни такой.

В 1973 г. Михаэль вырвался из СССР после опасной борьбы с властями за выезд. Позади осталось государство КГБ. Впереди была земля предков и в чемодане первая его книга «Мой Израиль».

Но новая действительность оказалась похожей на оставленную.

Израиль оказался копией СССР и КГБ.

Михаэль пишет книгу «Мудаки» о государстве Израиль. А потом книгу «Прощай, Израиль... или Последняя утопия» о неизбежном обвале такого государства.

В 2003 г., за три дня до передачи этой книги в печать, было покушение на Михаэля. Из него он вышел живым.

И сразу же пишет книгу «Покушение» об этом государстве КГБ, а потом книгу «Суд» – суд Михаэля над этим государством КГБ.

Государство открыло против него суд по ложному обвинению.

А Михаэль во время этого суда пишет книгу «С закрытыми глазами, или Неповиновение» об этом суде. Он требует, чтобы его вели в суд в наручниках, иначе он не идёт, отказывается от защиты и сидит с закрытыми глазами.

Суд его оправдал, но Генеральный прокурор потребовал три года тюрьмы. Это было в 2006 г. И с того момента суд притаился, чтобы висеть над Михаэлем долгие годы. Так происходит в этом государстве беззакония.

В результате преследований, покушения и суда Михаэль оказался один и жена тяжело больна.

Однажды в Интернете он прочёл эссе о государстве Израиль, которое очень близко с его взглядами. Он написал автору об этом. Нехама, автор эссе, начала читать книги Михаэля. А потом начала рассказывать ему свою страшную историю: борьба с КГБ за выезд из СССР, приезд в Израиль в 1973 году, ужасы преследования от израильского КГБ и вынужденный побег из Израиля в США.

О её муках преследуемой рассказывается на фоне преследования Михаэля.

Михаэль на своём одном примере утверждал, что это государство КГБ. Теперь второй пример, Нехама – это не ещё одно подтверждение, а доказательство.

Израильский КГБ продолжает идти за Михаэлем, это ухудшает здоровье его жены, Нехама еле жива от пережитого с КГБ. И авторы решают: пока они все ещё живы, прервать работу над книгой перед наступающим новым еврейским годом.

Израильские издательства не желают сотрудничать с Михаэлем. Он сам издаёт свои книги по нескольку сотен экземпляров и эту книгу издал тоже в несколько сотен экземпляров на русском и иврите. Сети книжных магазинов не принимают его книги в продажу.

Тоталитарная система.

Книга о жизни в двух тоталитарных государствах-близнецах.

Авторы никогда не встречались.

ПРЕРЕКАНИЕ – 33

И послал «Обращение к издательству» первым попавшимся мне агентам по книгам – посредникам между автором и издательством.

Все отвечали, что это им не подходит.

Но были ответы и похвальные:

«Кажется, что книга обещающая. Но я должен вам сообщить» и т. д.

«Ваша рукопись звучит очень сильно, но в настоящее время я» и т. д.

С английским трудно – так с русским легко. И я послал нескольким русским издательствам. Не заинтересовал.

И я снова вернулся к трудному английскому. Я обратился к отзывчивому человеку, что мне нужен знаток английского и Интернета. Такой человек нашёлся: он учится за границей, значит, знает английский и Интернет. Я рассказал ему, что ищу издательство для моей книги. Ответил он: «Зачем заграница? Здесь можно найти, к кому обратиться». Я не возражал, но рассказал ему, что уже обращался безрезультатно. Прошёл месяц и я позвонил, но он был очень занят и не мог говорить. Прошёл ещё месяц, и я позвонил, но он был очень занят и не мог говорить. Прошёл третий месяц, и я позвонил, но он был очень занят и не мог говорить. Всё же я спросил его, может, он поможет мне с Интернетом. Ответил он, что у него есть кто-то для меня. Но через месяц я не позвонил.

В тоталитарном государстве человек чувствует огромную ответственность за границу. Добровольно, не по заданию.

Но здесь скорее всего: «Все мы – Шабак!»

С его помощью украли у меня несколько месяцев.

И я вышел на бойкое и культурное место, где пересекаются дороги в несколько синагог, и пристал к первому знакомому, знает ли он английский и Интернет. Он сразу же указал на идущего недалеко незнакомого мне человека. Незнакомец ответил на мой вопрос и из-за его английского произношения я не понял ни слова, но это было то, что я искал. Оказалось, что он из Англии. Затем я догадался, что, прежде чем дать ответ, он хочет поговорить с женой.

Через месяц он сказал, что может начать, но у него есть для меня только один час в неделю. И мы начали.

Прочитав мою рассылку, он хотел спросить что-то о моих книгах. Но потому что он слаб в иврите, я сказал, что у меня есть одна книга на английском и могу дать ему почитать. Он сказал, что боится читать такое.

За месяц мы сделали двадцать рассылок агентам. И если я думал послать четырёмстам агентам, то эта работа на два года.

Через три месяца оказалось, что он едет с семьёй на месяц в Англию. В это время мы сидели на сайте английских агентов. Они отличались от американских агентов, которые принимали книги по электронной почте, – большинство английских агентов принимали треть книги только обычной почтой. Я пропускал их, потому что знал, что мои почтовые послания не пропустят. Но когда оказалось, что мой англичанин едет в Англию, то попросил его сделать список агентов, принимающих книги почтой. А его попросил захватить почтовые послания, которые я подготовлю, дам ему деньги, а ему останется только наклеить марки и отправить там.

За несколько дней до отъезда, когда мы сидели с этой целью составить список агентов, он клевал носом, как он сказал, от усталости и жаловался, что не может найти этот английский сайт. Его время подошло к концу, он встал, сожалея, что не нашёл этот сайт. Я заплатил ему за это время, он сказал, что плата сегодня не положена ему, но после моей просьбы взять, он взял, ещё раз посожалел, показывая на плохо работающую голову, обвиняя её. Он ещё не ушёл, как я сел к компьютеру. «Что ты собираешься делать?» – спросил он. Ответил: «Буду думать, что делать дальше». И он ушёл.

И уехал в Англию на месяц.

А я послал в Англию двенадцать заказных посылок с уведомлением о вручении, и в каждой – треть книги и конверт с моим адресом для ответа, как требовали англичане.

И я снова вышел на бойкое место, схватил первого попавшегося знакомого, очень уважаемого мной, очень знающего Тору, с прекрасными чертами характера. Попросил его помочь мне в английском и в Интернете.

Ответил он, что его сын – гений в компьютерах и английский есть у него. А я рассказал очень коротко про покушение, про книги и про поиск издательства за границей, как учил Учитель. Потом нам было идти немного по пути, и он привёл мне чьи-то слова, а я не расслышал чьи, что очень важно помочь, если есть возможность помочь. А я привёл ему слова Учителя, уважаемого нами, что надо помнить всю жизнь того, кто помог даже в самом малом, а потом уже не может помочь, потому что или стар, или обеднел, но всю жизнь надо помнить. На том и расстались.

Но скоро встретились, и он взял у меня номер моего телефона, как он сказал, на случай, если что у него будет. И между прочим сказал, что не очень полагается на своего сына, наверное сказал со смыслом, мол, ещё мальчишка.

Хоть и женатый, но мальчишка. Отец прав. Я предупредил о покушении, о книгах, но нельзя вмешивать его в мои дела. Как же это я сам не подумал об этом! Встретимся – обязательно скажу.

И скоро встретились, но ещё на расстоянии от меня он начал говорить, и первое понятное мне слово было «сын». Наверное он был согласен, чтобы сын помог мне. «Нет, – сразу же сказал я, – не хочу запутать мальчика в мои дела». – «Ну не такой уж он и мальчик, – возразил он, – двадцать четыре года, женатый». – «Нет, – сказал я серьёзно, – не надо ему помогать человеку, на которого было покушение». Больше он не возражал. Я поблагодарил его, сказал, что если у него будет что-то для меня, то хорошо, но если не будет, чтобы не чувствовал себя обязанным мне.

И я снова вышел на самое бойкое место. Схватил первого попавшегося, но знал, что он англоговорящий. На мои вопросы он ответил с юмором, что поможет не мне, а тому, кого он знает, – тому надо помочь.

Лучше Моше, моего нового помощника, не придумать. Я с радостью помогал ему платой. И готов был платить и платить, если бы был какой-то шанс, но его не было. Агенты хотели книгу только на английском.

Осталось только ещё выяснить, что с моими посылками в Англию.

Из Англии пришли только два конверта из двенадцати для ответов, которые я вложил в посылки, как требовали англичане. Выглядели они странно. Я показал их руководителю почтового отделения в Рамоте, где проживаю, и спросил, похожи ли конверты на присылаемые из Англии. Он отрицательно покачал головой.

Я знал, что двенадцать моих книг, даже на русском, не пропустят в Англию.

А чекисты знали, что я проверю получение книг.

С помощью Моше мы позвонили. Не все двенадцать ответили; не все, кто ответили, понимали, о чём разговор; не все, кто понимали, о чём разговор, имели дело с получением и отправкой писем; но все, кто что-то говорили, просто ничего не помнили под лавиной книг, которая на них обрушивается.

Осталось выяснить на почте, куда подевались двенадцать уведомлений о вручении. Из центрального почтового отделения на улице Яффо меня послали на центральную почту в Гиват-Шауль, в отдел обращения общественности.

Там на первом этаже, ища этот отдел, заглянул в открытую дверь в зал, в котором огромный стол почти во весь зал с десятками стульев вокруг него и шкафы вдоль стен с маленькими ящичками для писем. Вот здесь сортируют и меня.

Далее по коридору был нужный отдел. Маленькая женщина у стола, видно, начальница отдела, наклонила голову вбок, оценила меня колючими глазками, настоящая большевичка, и спросила, что у меня. Сказал, что послал в Англию двенадцать заказных посылок с двенадцатью уведомлениями о вручении и не получил ни одного уведомления о вручении. И дал ей двенадцать удостоверений о почтовых отправлениях заказной почтой. В них я сам пометил галочкой в специальном для этого квадратике, что отправил также и уведомления о вручении, – сам пометил, потому что почта не даёт никакого удостоверения об отправке уведомления о вручении и не отмечает в этом квадратике.

Я сохранил квитанцию об оплате, и по цене, которую заплатил, ясно, что уплачено и за уведомления о вручении.

Начальница не посмотрела на удостоверения о почтовых отправлениях заказной почтой и сразу ответила, что уведомления о вручении идут обычной почтой, и поэтому они этим не занимаются.

Так вот для чего в государственной бумаге есть квадратик для галочки, которую ставит не государство и за которую государство не несёт никакой ответственности: это трогательная забота государства, чтобы отправитель не забыл, что отправил уведомление о вручении, иначе напишет об этом на клочке бумаги и потеряет его и будет волноваться, дошла ли его посылка до адресата, а когда видит свою галочку, то и не будет мысли, что посылка не дошла.

Так расправляются с неугодными почтовыми посланиями, чтобы не попали за границу.

Всё продумано, что важно для власти кэгэбэ. И всё, что не важно для власти кэгэбэ, не будет продумано.

Вот так думал и не отходил от стола начальницы. Подошла её работница, начальница дала ей мои двенадцать удостоверений о почтовых отправлениях заказной почтой и кивнула на меня, мол разберись с ним.

Вместе с работницей прошли к её столу, и я присел напротив неё.

– Когда послали? – спросила она, разглядывая удостоверения.

А я разглядывал её: доброе лицо видел ещё до её вопроса, а теперь слышал добрый голос, осталось увидеть добрые глаза.

– Там написано, – сказал я, – вроде девять месяцев прошли.

– Да, прошли девять месяцев, – согласилась она, продолжая перебирать удостоверения, и сказала без злорадства:

– А мы рассматриваем только до шести месяцев.

Подоспела начальница, и она повторила для неё:

– Прошли девять месяцев.

– Да, – подтвердила довольная начальница, – мы рассматриваем только до шести месяцев.

И гордая пошла к своему столу. Но я уже слышал от неё, что они этим не занимаются вообще.

Я был рад, что даже моя лень заниматься кэгэбэ, потому что это уже десятый круг доказательств о кэгэбэ, – тоже работает против кэгэбэ.

Я укладывал бумаги в мой мешок от покупок на рынке, который у меня вместо делового портфеля. Но было не понятно, что они могут выяснить, если уведомления о вручении идут обычной почтой. И я спросил:

– Как же вы рассматриваете, если уведомления о вручении идут обычной почтой?

– Что-то предпринимаем, – ответила она неопределённо, но честно.

На меня смотрели добрые глаза. Вот этого я ожидал во все свои глаза.

Я не спешил уходить.

– Вы – Бабель, – сказала она.

На моё страшное удивление она ответила доброй улыбкой:

– Вы из Текоа. Вы приходили в центральное почтовое отделение на Яффо.

– Да, тогда отправлял много посылок маме.

Я мямлил эту фразу, мгновенно оценив, что она не знает, что тридцать лет я не там, но в голове уже вертелась главная мысль. И я ахнул ею:

– Прошло тридцать лет! С вашими способностями работать в шабаке!

– Или в КГБ! – она прыснула от смеха и повалилась на стол в смехе.

Я тоже наклонился к столу, и мы смеялись приглушённо, но очень весело – это было откровенное взаимное понимание, не встречавшееся мне в этой кэгэбэшне с женщиной, да ещё хорошенькой. А в той были. А здесь и мужиков-то таких нет.

Про кэгэбэ, кроме меня, никто не говорит в этой кэгэбэшне. Она цитирует только меня. Там за большим столом, где сортируют почтовые отправления, откладывают в сторону и мои. При этом можно ухитриться почитать.

Теперь видел её доброе ко мне тело, на которое уже не мог не смотреть. Всё в ней доброе. Она вся доброта.

Чекисты, не смейте турнуть её, а переведите в начальницы, ведь та начальница явная большевичка, а у вас всё должно быть не явное.

Скрытое.

Ведь ваша кэгэбэшня нового типа.

Буду жив, обязательно проверю исполнение.

А ещё лучше, быстрей обваливайтесь, тогда среди ваших обломков я разыщу её. Доброту.

ПРЕРЕКАНИЕ – 34

Закончил рассказ о народном референдуме на лестничной клетке и в тот же день, в позднее время, позвонил сыну.

Ответила его жена. Сказал ей, что мне надо поговорить с ними и я сейчас приду.

Они готовились ко сну, дети давно уже спали. Я присел в салоне у стола и подождал, когда они тоже присядут к столу.

Рассказал им про последнюю попытку покушения преследующих меня. Сын, выслушав мою очередную историю, сказал ещё раз то, что всегда говорил:

– Ты должен на этом кончить. Объявить им, что ты завязал.

И я возразил, как всегда раньше, что это не поможет, – большевики всё равно должны убить меня, так какой смысл завязывать.

Я молчал, думал, продолжать ли дальше. Ведь сын меня всё равно не поймёт.

Большевики уничтожают всё, что мешает их власти. Мои книги им мешают. Из-за книги, не только из-за одной книги, а по совокупности моих пререканий с большевиками, было покушение. А из-за следующих книг тоже были попытки уничтожить.

Только публичное их сожжение мной самим на лобном месте, напротив кнессета, спасёт нас. Если сын потребует этого, то я готов.

Но большевики знают, книги не горят. И сожжение книг неизвестного публике, ничего им не даёт. И не позволят завязать и спасти нас. Расценят, как моя очередная провокация для рекламы моих книг. Как сказал их адвокат-прокурор на суде об украденном полицией у меня пистолете, что я придумал покушение, чтобы рекламировать свои книги.

А другого способа спасти нас не знаю.

Я мешаю большевикам больше моих книг. Книги еле держатся на плаву и без меня пойдут ко дну, которое сплошь из потопленного большевиками компромата против них. Своим присутствием я поддерживаю книги на плаву.

Поэтому большевикам надо избавиться от меня. Это утешает.

Сын всегда слушает мои рассказы с серьёзным лицом, но не без юмора в глазах. Это его отношение не к рассказам, а ко мне: серьёзное лицо, потому что боится за меня, а юмор в глазах, потому что знает мою слабость, что я не могу завязать.

Это верно про мою слабость, если речь только обо мне.

На этом мы обычно расставались, ничего не решив.

Но мой страх сейчас был не за себя.

Поэтому на этот раз я продолжил, решив сказать всю раскопанную мной правду:

– Они могут убить и детей своих противников. Я уже знаю много таких случаев.

Молчавшая до этого жена сына спросила:

– Нас могут убить?

Она побелела.

– Могут, – ответил я, не глядя на неё.

– Детей наших могут убить? – спросила.

– Могут, – ответил, снова не глядя на неё.

Я почувствовал, что она встала, не могла больше сидеть на стуле и пошла к дивану.

Рава Кахане убивали до третьего поколения.

Себя с ним не сравниваю. Только для примера, что могут и до третьего поколения.

Для большевиков нет преград, когда речь идёт об их власти.

Этого я им не сказал.

Им не понять этого.

У сына исчез юмор в глазах, его заменило разочарование мной.

– Если есть угроза семье, ты обязан прекратить, – сказал он.

В ответ я повторил вяло своё обычное:

– Это не поможет.

Я сидел, опустив голову.

Одна надежда: от меня живого большевикам больше вреда, чем от меня мёртвого.

Поэтому очень надеюсь на расправу именно только со мной.

Про эту мою надежду я не сказал сыну.

И пошёл домой с опущенной головой.

ПРЕРЕКАНИЕ – 35

Самая краткая история Государства Израиль.

Внутри Государства Израиль знают о настоящей его истории, но из-за страха за свою жизнь помалкивают.

Снаружи, кому надо, знают, но помалкивают, чтобы не попасть в антисемиты.

Я же только художественно оформляю историю. А если без оформления, то самая короткая история Государства Израиль будет такой:

«Убийства евреев и провокации против евреев».

ПРЕРЕКАНИЕ – 36

Последнее слово узника в Сионе перед казнью:
Палачи, пожалуйста, не трогайте моих детей и внуков.
Палачи, будьте палачами, но не извергами.

12.12.2012